校企共同开发“工学结合”教材

卫生检验工作过程综合实训教程

主　编　陈海玲　魏全胜

科 学 出 版 社
北　京

内 容 简 介

本教材立足行业、企业的实际检测任务，根据最新国家标准和行业规范，选取专业岗位中典型且常用的实训项目进行撰写，内容上涵盖了卫生检验的实验前准备、实验任务及综合技能考核项目，并附有考核表。本教材的编写注重前后知识的衔接性和系统性，注重实现课程内容与职业标准对接，实现教学过程与生产过程无缝对接。

本教材可供高职高专卫生检验与检疫技术、食品理化检验技术、食品检测技术、食品营养与检测等专业使用。

图书在版编目（CIP）数据

卫生检验工作过程综合实训教程/ 陈海玲，魏全胜主编. —北京：科学出版社，2020.6

校企共同开发“工学结合”教材

ISBN 978-7-03-061340-0

Ⅰ. 卫…　Ⅱ. ①陈…　②魏…　Ⅲ. 卫生检验-高等学校-教材　Ⅳ. R115

中国版本图书馆 CIP 数据核字（2019）第 107614 号

责任编辑：丁海燕　丁彦斌 / 责任校对：王　瑞
责任印制：赵　博 / 封面设计：蓝正设计

科 学 出 版 社 出版
北京东黄城根北街 16 号
邮政编码：100717
http://www.sciencep.com
北京厚诚则铭印刷科技有限公司印刷
科学出版社发行　各地新华书店经销
*
2020 年 6 月第　一　版　开本：787×1092　1/16
2024 年 1 月第二次印刷　印张：6
字数：143 000

定价：29.80 元

（如有印装质量问题，我社负责调换）

编　委　会

主　编　陈海玲　魏全胜

副主编　王翠玲　张文杰

编　者（按姓氏汉语拼音排序）

陈海玲　泉州医学高等专科学校

陈志华　东莞精准通检测认证股份有限公司

洪妍妍　泉州医学高等专科学校

李宝珠　泉州医学高等专科学校

李厚标　福建省国鼎检测技术有限公司

王翠玲　泉州医学高等专科学校

王敏杰　泉州医学高等专科学校

魏全胜　东莞精准通检测认证股份有限公司

杨献珍　东莞精准通检测认证股份有限公司

余艳明　泉州医学高等专科学校

张文杰　泉州医学高等专科学校

庄春红　泉州医学高等专科学校

编写秘书

陈春祝　泉州市疾病预防控制中心

黄盈煜　泉州市疾病预防控制中心

前　　言

一、教材主旨

当下企业在招聘选拔应届毕业生时，对毕业生的实践能力尤为关注，实践能力强的毕业生在求职时往往能够脱颖而出，受到招聘企业的青睐。本课程开设的主要目的是帮助大二的学生提前进入实际检测工作岗位的角色，认知工作特点，掌握一些必备的检测技能，为以后的求职积累经验。

二、教材内容

为了学生在有限的课时内高效率地完成实训课程，本教材将教学内容分为了两篇。

第一篇简要介绍了关于第三方实验室的背景知识及管理要求。

第二篇为实训任务，分三章，分别为实验前准备、实验任务和综合技能考核。教材选取了实验室典型且常用的实训项目作为任务，涵盖常见器皿的清洗与保存，试剂配制，接单，食品样品的制备与保存、称量、恒重、消解、萃取、浓缩、稀释、滴定等环节，结果报告的书写，以期保证实训任务的系统性及高效性。结合每个实训任务，本教材在书后设置了细致的考核表，对学生的操作细节进行充分的考评，让学生认识到自身的优势与不足，以期他们能够快速成长。

在教材编写过程中，全体参编人员的积极努力与通力合作，并得到各参编单位的大力支持和帮助，在此表示衷心的感谢！

鉴于编者的学识和能力有限，教材中可能存在不足之处，恳切希望广大读者给予惠正。

编　者

2020 年 1 月

目　　录

第一篇　第三方实验室介绍及管理要求

第一章 第三方实验室起源

一、什么是第三方实验室

在 ISO/IEC17025《检测和校准实验室能力的通用要求》标准中，将实验室分为第一方实验室、第二方实验室和第三方实验室三种类型。

第一方实验室（供方）特点：

（1）组织内的实验室，检测/校准自己生产的产品，或委托某实验室代表其检测/校准自己生产的产品。

（2）数据为本身所用。

（3）目的是提高和控制自己生产的产品质量。

第二方实验室（需方）特点：

（1）组织内的实验室，校准/检测供方提供的产品，或委托某实验室代表其检测/校准供方提供的产品。

（2）数据为本身所用。

（3）目的是提高和控制供方产品质量。

第三方实验室（独立于供方、需方）特点：

（1）独立于第一方实验室和第二方实验室，为社会提供检测/校准服务的实验室。

（2）数据为社会所用。

（3）目的是提高和控制社会产品质量。

以上三方实验室是可以互相转换的，第三方实验室可以转变成第一方或第二方实验室，而第一方实验室也可以同时是第二方实验室。如果实验室是某机构中从事检测或校准的一个部门，且只为本机构提供内部服务，则该实验室就是典型的第一方实验室。第三方实验室是由处于买卖利益之外的第三方的、具有公信力的检测机构，以公正权威的非当事人身份根据有关法律、标准或合同所进行的商品检验活动。

二、为何会产生第三方实验室

欧美国家在 15 世纪商品经济开始之初，为了保证商品品质，开始出现第三方实验室介入以检测商品品质的行为。成熟的第三方实验室在 19 世纪中叶得到普及，并成为一种自觉的商业行为。就食品检测领域的第三方实验室而言，其存在的社会意义主要反映了以下几个方面。

1. 日趋严峻的绿色贸易壁垒　绿色贸易壁垒（亦称绿色壁垒）指在国际贸易活动中，进口国以保护自然资源、生态环境和人类健康为由，通过制定严格的环保技术标准或采用绿色技术标准制度、绿色环境标志制度、绿色卫生检疫制度和绿色补贴制度等，对外国商品进口采取的准入限制或禁止措施，从而达到保护本国商品和市场的贸易保护措施。目前，绿色贸易壁垒的实施主要通过绿色技术标准制度、绿色环境标志制度、绿色卫生检疫制度和绿色补贴制度来进行。与其他贸易壁垒相比，绿色壁垒在内容上更具合理性，在形式上更具合法性，其保护的对象更具广泛性，实施效果也更具歧视性。部分发达国家利用绿色壁垒的这些基本特征来对其进口产品设限，以最大限度地保护本国利益。

比较我国与他国在制定的食品中农药最大残留限量标准方面，可以看出还存在很大的差距。

欧盟对 210 种农药在 195 类（组）农产品，制定了 24 288 个残留限量标准。

日本对 244 种农药在 290 类（组）农产品，制定了 16 605 个残留限量标准。

美国对 383 种农药在 846 类（组）农产品，制定了 13 719 个残留限量标准。

澳大利亚对 355 种农药在 411 类（组）农产品，制定了 3643 个残留限量标准。

中国对 136 种农药在 411 类（组）农产品，制定了 544 个残留限量标准。

根据中国 WTO/TBT-SPS（世界贸易组织/《技术性贸易壁垒协议》-《实施卫生与植物卫生措施协议》）通报咨询网统计，2012 年日本厚生劳动省扣留我国出口不合格食品 196 批次中，其中位列前两位的是水产品及其制品类（68 批次，占被扣留总数的 34.69%）和蔬菜及其制品类（53 批次，占被扣留总数的 27.04%）。扣留原因主要有微生物污染（66 批次，占被扣留总数的 33.67%）、农药/兽药残留量检测不合格（57 批次，占被扣留总数的 29.08%）、生物毒素污染（28 批次，占被扣留总数的 14.29%）和食品添加剂超标（26 批次，占被扣留总数的 13.27%）。

2. 日趋严格的食品安全要求　随着经济不断地发展，人们的饮食种类日益多样，食品卫生与食品安全在国内逐渐成为热门话题。“苏丹红事件”“禽流感”期间的食品安全和“三鹿奶粉事件”无一不牵动着民众的心。

在国外，人们也同样面临食品安全问题的困扰，美国每年约有 940 万人发生食源性疾病；英国因疯牛病问题造成 440 万头牛在根除计划中被屠宰；比利时二噁英污染事件造成执政 40 年之久的社会党政府内阁垮台；2001 年德国疯牛病事件，致使德国卫生部长和农业部长引咎辞职；2001～2003 年发生在欧洲的口蹄疫，导致近百万头家畜被扑杀，造成几十亿美元的经济损失；韩国数据显示，自 2010 年确诊首例口蹄疫病例以来，已有近 200 万头牲畜被扑杀；2004 年以来连续不断的禽流感疫情，已经殃及 16 个国家和地区，据不完全统计，至少有 38.4 万只家禽感染发病，超过 1.4 亿只家禽被扑杀，因此造成的经济损失和对社会的影响目前尚难估量。

频繁发生的食品安全事件对人们的健康和生命造成了巨大的威胁，食品安全问题已成为人们关注的热点问题。政府要重新审视已上升到国家公共安全高度的这一问题，更要加大对食品安全问题的监管力度。

（王翠玲）

第二章　第三方实验室发展形势

由于历史原因，我国政府起初对检测行业进行严格管制，检测机构均由政府控制。国内第三方实验室起步晚，基本是在中国加入世界贸易组织（WTO）以后出现，随着市场经济及贸易的发展，政府逐步放松管制，独立第三方实验室才得到快速发展。

截至 2018 年 3 月 31 日，中国合格评定国家认可委员会（CNAS）的数据显示，得到认可的实验室等机构的统计数量，见表 1-2-1。CNAS 认可的检测/校准实验室进度趋势，见图 1-2-1。

表 1-2-1　CNAS 认可的实验室等机构统计数量（截至 2018 年 3 月 31 日）

项目	数量（所）
校准实验室	1046
检测实验室	7640
能力验证提供者	65
标准物质/标准样品生产者	18
医学实验室	296
生物安全实验室	78
合计	9143

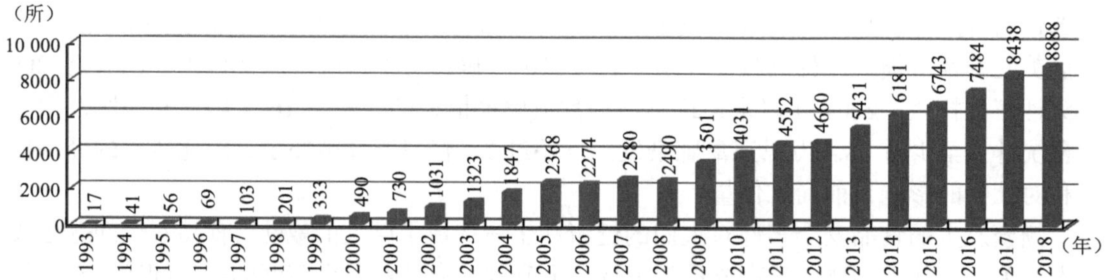

图 1-2-1　CNAS 认可的检测/校准实验室进度趋势图

此外，CNAS 数据显示，从地域分布上来看，认可的检测/校准实验室涵盖了国内含港澳台在内的 34 个省级行政区和 4 个海外国家。其中，国内认可的实验室数量最多的三个地区分别为广东（1341 所）、江苏（1037 所）和上海（724 所），认可的国外实验室为新西兰、日本、菲律宾和西班牙 4 个国家各 1 所。

目前国内呈现政府检测机构、外资检测机构和第三方实验室三足鼎立的市场局面。

政府检测机构受行政区域建制和行业部委建制局限，业务主要集中在某一行政区域和某一行业，而无法跨行业或跨区域经营，如出入境检验检疫局、市场监督管理局和疾病预防控制中心等。

外资检测机构拥有成熟的市场运作经验和全球性的资源平台，在国际市场上具有强大的品牌影响力。无论是监管机构还是零售商对其认可度非常高。

第三方实验室具有现代营销服务体系，可根据市场发展需要在国内外不同地区设立分支机构，建立不同行业的专业实验室，通过跨行业、跨区域经营，实现大规模快速发展。

因为本土化的优势，第三方实验室能够更好地理解本地市场，为客户提供更加快捷、经济的定制化服务，在细分领域相比外资检测机构更具优势。随着居民对生活水平的追求不断提高，我国第三方检测市场步入快速成长期，现在已具有一定规模。

对于食品领域而言，目前，食品安全问题主要体现在以下三个方面：①食品的生物性污染呈现新旧交替和故态复萌的趋势；②食品的化学性污染趋向扩大和加重，农药、化肥、兽药等化学物质的大量使用造成了环境和食物链的污染；③有毒有害化学物质引起人类癌症发病率上升。随着民众对食品安全的要求越来越高，食品检测实验室的检测工作就显得越来越重要。

近年来，我国食品安全问题不断，每次事件发生后，食品安全检测机构会阶段性增加新的检测指标，相应产品的生产企业也会迅速送产品至权威检测机构进行检测。截至 2019 年 12 月，我国已制定公布了理化检验方法与规程、农药残留、兽药残留、食品添加剂、食品营养强化剂、食品产品、生产经营规范等 1203 部食品安全国家标准。

据《中国食品安全检测行业发展前景与投资机会分析报告》数据显示，近年来，我国食品安全检测行业的发展呈现稳定增长趋势。2016 年我国食品安全检测行业市场规模为 468 亿元，截至 2017 年市场规模已增长至 561 亿元。根据前瞻产业研究院初步测算，2018 年的市场规模将达到 665 亿元。

（王翠玲）

第三章　第三方实验室管理要求

一、制订第三方实验室管理要求的目的

实验室涉及的化学药品、生物制剂、器皿和设备都有很大的危险性，可能存在发生损坏、火灾，导致人员烧伤、中毒，甚至爆炸的可能。为使实验人员了解实验室工作的规范和注意事项，最大限度地减小危险事故的发生概率，并使实验人员了解事故发生时的紧急应对措施，减小物品及人员的损伤，特制定实验室管理要求。

二、一般安全要求

1. 实验室内严禁吸烟、进食、会客和住宿，严禁携带无关物品或者带领无关人员进入实验室，不得使用实验室设备、仪器、器皿处理任何食物，严禁实验器皿与食具混用。

2. 化学品应存储于合适的容器中。

3. 保持实验台面、架子及通风橱的干净与整齐。

4. 在完成各阶段操作后应进行整理，如把试剂、仪器及未使用玻璃器皿放回各自适当的地点，并保持干净、整洁。

5. 盛有化学品的容器应具有清晰、长久的标识，并反映所盛化学品信息，不要把使用过的化学品放回原容器。

6. 在实验室的工作区域不要存放超过 1 周实验需求的化学品。

7. 不要累积实验室废弃物，以防增加风险；收集化学废弃物并从工作区域转移走，并按要求存放在安全区域。

8. 用预备并标识好的容器存放破碎的玻璃器皿。

9. 实验人员不宜穿着过于暴露的衣服，长发应扎起，工作时应该穿工作服，且穿着工作服时不得离开实验室，更不得进入食堂等公共场所。

10. 各岗位工作人员每日工作结束，应检查仪器设备、水、电、气和门窗后方可离开实验室。

三、电气安全

1. 当实验室有新的设备投入使用之前，应确保接地连续性，确保接线正确连接，尤其是国外制造的设备。

2. 所有材料（包括液体和气体）应被当作导电材料，除非已知为绝缘材料。直接施加于高压干线与装置的胶带、橡胶或布，不应视为充分的绝缘。具有类似绝缘的低压和中压干线与装置不应视为充分的绝缘，除非它已经通过相应的测试，证明绝缘是有效的。以下几点应特别注意。

（1）金属或有金属覆层的物体，诸如手表表带、金属尺子、金属手电筒、便携式收音

机及带有可伸缩天线的电话，如果被带电装置触及就会带电。某些诸如有金属带、金属纽扣、金属线的衣物，在带电装置附近工作时，也是危险的。在接近带电装置工作前，个人的所有饰物，包括表带、耳环、手镯及戒指等，都应取下。

（2）火焰能导电，因此，应特别注意，不要在接近带电装置的地方使用会产生火焰的设备。地面、混凝土、石头及湿的或受潮的木材都应被视为导电的物体。在供水系统附近使用带电装置时，应特别当心。

（3）注意灭火器的适用范围，如泡沫灭火器不可用于电气设备灭火，二氧化碳灭火器不可用于600V以上电器设备着火的灭火。

3. 在可燃性蒸气、气体或污物可能聚集的地方，电气装置的摆放设计及装置与设备的选择，都应给予特别的考虑。以下几点应特别注意。

（1）大多数特殊装置应放置在危险性较小或无危险的区域。在安装有电气装置的危险区域或其附近范围内，应尽可能减少某些危险物品的摆放，如药品、钢瓶气应单独隔离存放。

（2）通过充足的通风及使用防止通风失效的安全罩，可以减少危险性，或限制或消除危险区域，如安装空调、防爆排风设备、防爆灯、气体安全柜等。

4. 所有使用便携式电动工具的人应接受正确使用与保养的培训，包括以下几种。

（1）在插入插座时，必须确认电动工具处于关停状态。

（2）当工具不使用时，必须拔掉插头。

（3）使用护罩（如适用）并且定期检查其可用性。

（4）在目视水平上使用时，或材料飞溅可能引起眼睛伤害时，必须戴上护目镜。

（5）在操作前，特别是在电线可以被掩蔽的地方钻孔时，必须评估可能的危害并当心。

（6）必须立即向相应的负责人报告所有故障。

5. 设备清洁或维修。对于电气装置的较为复杂的清洁或维修，应由专业的电工人员或者联系设备厂家人员进行作业。简易的清洁或维修可由设备责任人进行作业，但应遵守以下绝缘程序。

（1）关断装置开关。

（2）关断插座上的开关。

（3）拔出插头，作为防止开关失效的预防措施。

（4）在运行清洁后的装置之前，应确保装置内部所有可燃性溶剂和蒸气已被清除。

四、化学安全

（一）化学品危险源识别与评价

1. 应在识别、分析的基础上，建立本实验室的化学危险源清单，并在充分考虑正常工作状态、异常工作状态和紧急工作状态情况下，确定危险源的相应风险等级，并采取相应的控制措施。

2. 风险评价或危害和可操作性研究的研究结果应进行后续评价，包括定期地对现有操作的评价及对新进化学品的评价，并将评价结果记录于《危险源辨识与风险评估登记表》。

3. 在每个使用化学品的区域，均必须保存一份在该处使用的化学危险源清单。清单中应包括所有物质的化学名称、安全储存与操作程序、溢出或处置管理程序。

（二）实验室设施与环境管理

1. 实验室、试剂存储柜、试剂存储间等应具有足够的通风能力。存储易挥发、有毒、易腐蚀性的物质应进行有效的通风，以确保工作环境的安全。

2. 实验区域内放置足以应对不同类型火灾的消防器材和服务设施，并应方便取用。存储间装备有自动灭火器或报警系统，既要满足火灾防护要求，也要符合危险物质储存标准。

火灾的防范方法与所用的有毒危险物质的存储须协调考虑。

3. 及时收集化学废弃物并从工作区域转移走，存入指定的集中存储区域，各类实验室废弃物都应进行适当的隔离，并暂时收集和存放以便运输和处理。所有废弃物在离开实验室前，都应具有适当的标签标识。

4. 每个实验区域应指定专人作为 5S 负责人，监督并保持良好的内务。工作区应时刻保持整洁、有序。禁止在工作场所存放可能导致阻碍、绊倒或滑倒危险的材料。

（三）检测设备管理

1. 在安装会释放有害物质的仪器时，应综合考虑安全规定，满足仪器的场地安装要求，并确保上述仪器不会对人与环境产生危害。

2. 实验室应配置必要的安全设备（如灭火器、消防栓、洗眼器、紧急喷淋装置、小药箱等）。安全设备对于实验室区域内所有员工应是可用和易得到的。

3. 实验室人员根据风险等级佩戴适当的个人防护装备，如手套、防护镜、头部面部保护罩等。在处理危险材料时应有许可使用的安全护目镜、面部防护罩或其他的眼部及面部保护装置可供使用。手套应在实验室工作时可供使用，以防化学品污染、冻伤和烫伤、刺伤和擦伤等。

五、生物安全

1. 高压灭菌设备操作人员必须取得上岗作业证书。

2. 不同的功能区域应有清楚的标识。检测人员应能正确使用与检测活动生物安全等级相对应的生物危害标识。微生物检测区域应对授权进入的人员采取严格控制，进入实验室要穿工作服，不允许穿着工作服到实验室以外的地方。

六、紧急应变措施

实验室危险事故来源于药品、水、电、气、机械和热损伤等，故实验室人员应尤其关注这些来源，以便及时采取措施，发现潜在危险应采取措施消除之。如有紧急事故发生，可以参考下述方法进行应急处理。

（一）化学品伤害应急措施

1. 预防　实验室使用的药品大多为强酸、强碱或强有机溶剂，直接接触对人体的危害很大，故储存环境应通风良好，且温湿度须满足要求。药品存储过程中还应注意药品的不相容性，以避免潜在事故的发生。

2. 药品溅出或容器破裂　应先使用湿抹布抹除（少量）或用砂土进行围堵（大量）。如为酸碱，须根据其性质进行中和，再使用大量水冲洗；如为有机溶剂，则直接以大量水冲洗，但须注意围堵使用的砂土或抹布已经受到污染，应密封存放，交专业公司处理。

3. 酸灼伤　酸灼伤皮肤的处理方法：立即使用大量清水冲洗 15 分钟，再使用 5%碳酸氢钠溶液冲洗，注意不可立即使用碱液冲洗，因为酸碱中和产生的大量热会扩大损害。酸灼伤眼睛的处理方法：立即撑开眼睑，使用大量清水冲洗 15 分钟，再用 3%碳酸氢钠溶液冲洗，注意不可直接冲洗眼球。

4. 碱损伤　碱沾染皮肤的处理方法：立即脱去衣服，尽快使用大量清水冲洗至皮肤不滑为止，接着用经水稀释的乙酸或柠檬酸中和。碱进入眼睛的处理方法：立即撑开眼睑，用清水连续冲洗 15 分钟。

5. 有机溶剂损伤　有机溶剂沾染皮肤的处理方法：立即用蘸乙醇的棉花擦拭；有机溶剂进入眼睛的处理方法：立即撑开眼睑，用大量清水冲洗。

6. 吸入中毒　有机溶剂蒸气吸入中毒的处理方法：立即将中毒者转移到新鲜空气处，如果情况严重须立即送往医院；吸入酸气中毒的处理方法：立即将中毒者转移到新鲜空气处，同时通知医务所处理。

（二）有害气体泄漏应急措施

1. 如发生泄漏，应立即拧紧高压阀；如泄漏发生在罐体或高压阀门无法正常关闭，应立即将此气瓶转移至空旷区域，条件允许时进行局部强排风以吹散泄漏的气体。

2. 泄漏的气体可能造成局部氧气不足，故会使进入这一片区域的人因缺氧而窒息，所以应在确保安全的情况下进行处理，否则应立即远离泄漏区域，通知专业人员处理。

（三）机械损伤应急措施

实验室经常会使用到剪刀等样品处理工具，实验人员可能会被割伤；实验室使用的玻璃器皿如发生破裂，可能会导致实验人员受伤。所以，实验人员应了解这些危险事故发生时的应急措施。

1. 如伤口不大，出血不多，可以使用 3%过氧化氢溶液（双氧水）将伤口周围擦净，涂上碘伏。

2. 情况严重时，则先止血，预防大量流血导致休克，并立即就医治疗。

3. 紧急止血法：原则上可以直接压迫损伤部位进行止血，即使损伤动脉也可以使用这种方法。由玻璃碎片造成的外伤，必须先除去玻璃碎片，以防压迫时扩大伤处。

（四）热损伤应急措施

实验室的加热板或微波设备均可产生高温，可能会导致实验人员烫伤。

1. 一度烫伤（发红）时，把消毒棉用无水乙醇或95%乙醇溶液浸湿，覆盖于伤处。

2. 二度烫伤（起疱）时，用无水乙醇或95%乙醇溶液，或用3%$KMnO_4$溶液浸湿消毒棉，覆盖于伤处。

3. 三度烫伤时，用消毒棉包扎，立即送医务所诊治。

（魏全胜）

第二篇　实 训 任 务

第一章　实验前准备

一、常见器皿的清洗与保存

（一）实验目的

了解各类洗涤液的适用范围；掌握容量瓶、离心管、试管、烧杯等常见玻璃器皿及其他常用器皿的清洗方法；熟悉各类玻璃器皿及其他常用器皿的干燥和保存方法。

（二）实验原理

1. 利用清洗剂的氧化或还原性清除玻璃器皿中黏附或残留的污染物。
2. 利用高温灼烧使污染物炭化。
3. 利用表面活性剂亲水亲油的特性除去污染物。

（三）仪器和试剂

1. 仪器　毛刷、烘箱、手套。
2. 试剂　铬酸洗涤液、肥皂洗涤液、碱洗涤液、氢氧化钾-乙醇洗涤液、酸性草酸或酸性羟胺洗涤液、硝酸洗涤液。

（四）实验步骤

1. 常用洗涤液的配制和适用范围

（1）铬酸洗涤液：即浓度为100g/L的铬酸钾-浓硫酸溶液。称取化学纯重铬酸钾100g于烧杯中，加入100ml水，微微加热，使其溶解。把烧杯置于水盆中冷却后，沿杯壁慢慢加入化学纯浓硫酸，边加边用玻璃棒搅动，防止硫酸溅出，开始会有沉淀析出，硫酸加到一定量时沉淀又可溶解，加硫酸至溶液总体积为1000ml。适用于洗涤绝大多数污物。

（2）肥皂洗涤液、碱洗涤液：配制成一定浓度，主要用于油脂和有机物的洗涤。

（3）氢氧化钾-乙醇洗涤液（100g/L）：取100g氢氧化钾，用50ml水溶解后，加工业乙醇至1L。适用于洗涤油垢和树脂等。

（4）酸性草酸或酸性羟胺洗涤液：称取10g草酸或1g盐酸羟胺，溶于100ml盐酸（1份浓盐酸+4份水混合）中。主要用于洗涤氧化性物质。对沾污在器皿上的氧化剂，酸性草酸作用比较慢，酸性羟胺作用快且易洗净。

（5）硝酸洗涤液：常用浓度为10%～20%硝酸。用量筒量取纯硝酸与蒸馏水按1∶5的比例混合的20%硝酸。主要用于浸泡清洗测定金属离子时的器皿。一般浸泡过夜，玻璃器皿取出后用自来水充分冲洗，再用蒸馏水冲洗3～5次。

2. 常见玻璃器皿的清洗要求　清洗后的玻璃器皿均不应有挂水等现象。检查容器是否洗净时，将容器倒转过来，水即顺着器壁流下，器壁上只留下一层既薄又均匀的水膜为洗净。

3. 常见玻璃器皿的清洗

（1）一般的玻璃器皿：应先用自来水冲洗 1～2 遍除尘，若用强酸性氧化剂洗涤时，应将水沥干，以免过多地耗费洗涤液的氧化力。若用毛刷蘸取肥皂洗涤液（洗涤剂或去污粉等）仔细刷净内外表面，尤其应注意容器磨砂部分。然后边用水冲边刷洗至无明显泡沫时，用自来水冲洗 3～5 次，再用蒸馏水冲洗 3～5 次。洗涤时应按少量多次的原则用水冲洗，每次充分振荡后倾倒干净。洗净的清洁玻璃器皿上不挂水珠。

（2）能用刷子刷洗的玻璃器皿：都应尽量用刷子蘸肥皂液进行洗刷，但不能用硬质刷子猛力擦洗容器内壁，以免造成容器内壁毛糙，导致易吸附离子或其他杂质，影响测定结果或者导致难以清洗干净而造成污染。

（3）不便刷洗的玻璃器皿：可根据污垢的性质选择不同的洗涤液进行浸泡或共煮，再用自来水冲洗 3～5 次，再用蒸馏水冲洗 3～5 次。

1）容量瓶和移液管等准确定量器皿不能用去污粉和毛刷刷洗，以免磨损器壁，使器皿容积发生变化。

2）纯水盛用器皿则直接以蒸馏水冲洗 3～5 次即可。

3）移液管和吸量管等玻璃器皿可用中性清洁液或稀硝酸溶液浸泡 24 小时后，再用自来水冲洗 3～5 次，最后用蒸馏水冲洗 3～5 次。

4）蒸汽洗涤法：有的玻璃器皿（主要是成套的组合器皿），除按上述要求洗涤外，还要应用“蒸汽蒸馏法”洗涤一定时间。使用蒸汽蒸馏装置前，应将整个装置连同接收瓶用热蒸汽处理 5 分钟，以除去装置中的空气和前次实验所遗留的沾污物，从而减少实验误差。

（4）有特殊清洁要求的玻璃器皿：在某些实验中对玻璃器皿有特殊的清洁要求，如用于测定有机物之后的玻璃比色皿，应用有机溶剂洗涤，必要时可用硝酸洗涤液浸洗，但要避免用重铬酸钾洗涤液洗涤，以免重铬酸盐附着在玻璃上。用酸浸洗后，先用自来水冲净，再用蒸馏水洗净晾干，不宜在温度较高的烘箱中烘干。如急用且要除去比色皿内的水分时，可先用滤纸吸干大部分水分后，再用无水乙醇或丙酮洗涤除尽残存水分。用于测定痕量铬的玻璃器皿，不宜用铬酸洗涤液洗涤，最好以硝酸（1 份浓硝酸+1 份水混合）或等容积的浓硝酸-硫酸混合液来清洗。用于测定水中痕量有机物（如有机氯杀虫剂类）的玻璃器皿，需用铬酸洗涤液浸泡 15 分钟以上，用自由水冲洗 3 次后，再用蒸馏水冲洗 3～5 次。

4. 玻璃器皿的干燥　将洗净的玻璃器皿倒置在滴水架上或专用柜内控水晾干，或置于烘箱内烘烤 1 小时左右以加快玻璃器皿的干燥速度。

（1）用于准确计量液体体积的容量瓶和移液管等，烘烤的温度不得高于 70℃，以免玻璃仪器的刻度发生变化而影响准确度。

（2）不用于准确计量液体体积的烧杯、锥形瓶和试管等，通常在 100～160℃的条件下进行干燥。

5. 玻璃器皿的保存

（1）将干净的玻璃器皿倒置于专用柜内，关闭柜门，防止落尘。

（2）干净的滴定管可倒置于滴定管架上或盛满蒸馏水，上口加套指形管或小烧杯，使用中的滴定管在操作暂停时也应加套指形管，以防灰尘落入。

（3）凡有配套塞（或盖）的玻璃器皿都必须保持原装配套，不得拆散使用和存放，可用白色棉细绳将塞（或盖）与原玻璃器皿捆绑在一起使用。

6. 其他常用器皿的清洗与保存

（1）用于金属分析的器皿：先用中性清洁液洗去内部残留物，再用自来水冲洗，置入酸洗涤液（10%～20%硝酸）中浸泡 12 小时左右。此酸洗涤液需 1 个星期更换 1 次，并作好记录。将浸泡后的器皿从酸洗液中取出，以自来水冲洗 3 次后，再以蒸馏水冲洗 3～5 次，倒置于 80℃左右烘箱内烘干（若有刻度或定量容器须放于器皿柜中晾干，必要时于低于 50℃烘箱内烘干）。

（2）残留有机物的器皿：器皿如使用后残留有检测有机物，可将器皿浸泡在铬酸溶液中 15～20 分钟后以自来水冲洗，以蒸馏水冲洗数次后晾干。放于由异丙醇和氢氧化钠组成的有机洗槽中浸泡 3 小时以上，再用蒸馏水冲洗干净后晾干。

（3）盛放高浓度样品溶液或标准溶液的器皿：需先把盛放的溶液倒掉，然后用自来水冲洗 2～3 次，再浸泡于 10%硝酸洗涤液（标准溶液器皿浸泡于 20%硝酸洗涤液）中 24 小时以上。从浸泡液中取出器皿转移至含有洗洁精的清洗液中进行预清洗，然后用自来水冲洗 2～3 次，再用蒸馏水冲洗至器皿内壁不挂水珠。将器皿转移至器皿架上倒置晾干。

（4）微波消解罐内罐、盖子及外罐：将内罐、外罐及盖子用 10%硝酸洗涤液或肥皂洗涤液浸泡 1 个晚上，用蒸馏水冲洗后，于 140℃的烘箱中烘 6 小时（内罐及盖子的最大烘烤温度为 180℃，外罐的最大烘烤温度为 150℃）。完成清洗程序后冷却。

（五）注意事项

1. 有刻度或定量容积的玻璃器皿严禁加热、烘烤及冷藏。

2. 含有塑胶部分的玻璃器皿或塑胶器皿置于酸液的时间不可超过 8 小时，以免塑胶变黄、老化。

3. 清洗用的浓酸及有机溶剂大部分具有毒性或腐蚀性，需注意稀释。清洗过程中必须佩戴橡胶手套，防止化学药品对皮肤的腐蚀，防止器皿破裂时被割伤，必要时佩戴口罩。

4. 铬酸洗涤液是强氧化剂，但氧化作用起效比较慢，直接接触器皿数分钟至数小时才有作用。器皿取出后要用自来水冲洗 7～10 次，最后用蒸馏水冲洗 3 次。如果铬酸洗涤液使用过久或受到强烈的还原性物质污染，致整个液体变为绿色时，则其中绝大部分的高价铬盐已被还原成为低价的硫酸铬，此时洗涤液不再具有氧化作用，不宜再用，应集中进行处理，以回收含铬废液。

二、标准溶液的配制与保存

（一）实验目的

掌握常用标准溶液的配制方法；掌握标准溶液的管理；熟悉各类标准溶液的保存方法。

（二）实验原理

1. 配制　根据稀释前后溶液中的溶质物质的量相等原理配制标准溶液。

$$c_1V_1 = c_2V_2$$

式中：c_1-稀释后溶液的浓度；V_1-稀释后溶液的体积；c_2-稀释前溶液的浓度；V_2-稀释前溶液的体积。

2. 标定　即用已知浓度的溶液来测定另一种未知浓度的溶液浓度的过程。该过程要求这两种溶液有直接或间接的定量化学反应关系，可以采用直接法或间接法测定其浓度。

（三）仪器和试剂

1. 仪器　滴定管（50ml）、锥形瓶（25ml、125ml、150ml、250ml）、瓷坩埚、称量瓶、烧杯（250ml）、吸量管（20ml）、温度计（100℃、360℃）、分析天平（感量 0.0001g）。

2. 试剂　氢氧化钠、酚酞、邻苯二甲酸氢钾、盐酸、溴甲酚绿-甲基红混合指示剂、无水碳酸钠、硫酸标准溶液、草酸钠、高锰酸钾、硫代硫酸钠、重铬酸钾、碘化钾、硝酸银、氯化钠、淀粉指示剂。

（四）实验步骤

1. 1mol/L、0.5mol/L 及 0.1mol/L 氢氧化钠标准溶液配制

（1）反应原理

$$KHC_8H_4O_4 + NaOH \longrightarrow KNaC_8H_4O_4 + H_2O$$

$$HIn \rightleftharpoons In^- + H^+$$

酸式酚酞　　碱式酚酞

无色　　红色

酚酞属于有机弱酸，在中性和酸性溶液中呈无色状态，当碱性离子增加到一定浓度时，平衡向右移动，溶液即呈红色。

（2）称样：称取 110g 氢氧化钠，溶于 100ml 无二氧化碳的水中，摇匀，注入聚乙烯容器中，密闭放置至溶液清亮。使用前以塑料管虹吸一定量上层清液，用不含二氧化碳的水稀释至 1000ml，摇匀，不同浓度氢氧化钠标准溶液的配制见表 2-1-1。

表 2-1-1　不同浓度氢氧化钠标准溶液配制

氢氧化钠标准滴定溶液的浓度（mol/L）	氢氧化钠溶液的体积 V（ml）	注入不含二氧化碳的水
0.1	量取 5.4	1000ml 中摇匀
0.5	量取 27	1000ml 中摇匀
1.0	量取 54	1000ml 中摇匀

（3）标定：用减重法分别精密称取在 105～110℃干燥至恒重的基准邻苯二甲酸氢钾 0.75g、3.60g、7.50g，作为基准试剂，分别加入 80ml 不含二氧化碳的水溶解，滴加酚酞指示液 2 滴（10g/L），用配制好的氢氧化钠溶液滴定至溶液呈粉红色，保持 30 秒不褪色。标准溶液标定时要 2 人进行，共 8 个平行滴定，同时做空白试验。

（4）计算：氢氧化钠标准溶液的浓度[c_{NaOH}]，数值以摩尔每升（mol/L）表示，按下式计算。

$$c_{NaOH}=\frac{m\times 1000}{(V_1-V_2)\times M}$$

式中：m-邻苯二甲酸氢钾质量的准确数值（g）；V_1-消耗氢氧化钠溶液的体积（ml）；V_2-空白试验消耗氢氧化钠溶液的体积（ml）；M-邻苯二甲酸氢钾的摩尔质量[$M_{KHC_8H_4O_4}=204.22g/mol$]。

2. 1mol/L、0.5mol/L 及 0.1mol/L 盐酸标准溶液

（1）反应原理

$$Na_2CO_3+2HCl = 2NaCl+CO_2\uparrow+H_2O$$

为缩小指示剂的变色范围，用溴甲酚绿-甲基红混合指示剂，使颜色变化更加明显。该混合指示剂的碱式色为暗绿，它的变色点 pH 为 5.1，其酸式色为暗红色，较易判断。

（2）配制

0.1mol/l HCl 溶液：量取 9ml 浓盐酸，注入 1000ml 水，摇匀。

0.5mol/l HCl 溶液：量取 45ml 浓盐酸，注入 1000ml 水，摇匀。

1.0mol/l HCl 溶液：量取 90ml 浓盐酸，注入 1000ml 水，摇匀。

（3）标定

1）基准物处理：取适量预先在玛瑙乳钵中研磨好的无水碳酸钠，盛入洁净的瓷坩埚中，置于沙浴上加热。注意：坩埚中的无水碳酸钠面应低于沙浴面，坩埚用瓷盖半掩之。沙浴中插 1 支 360℃温度计，温度计的水银球与坩埚底相平，开始加热，于 270～300℃保持 1 小时。加热期间缓慢搅拌，防止无水碳酸钠结块。加热完毕，稍冷却后，将碳酸钠移入干燥好的称量瓶中，在干燥器中冷却后称量。

2）精密称取上述处理后的无水碳酸钠（标定 0.1mol/L 称取 0.2g；0.5mol/L 称取 0.95g；1mol/L 称取 1.9g，称准至 0.0002g）置于 250ml 锥形瓶中，各加入新煮沸冷却后的蒸馏水 50ml，分别加 10 滴溴甲酚绿-甲基红混合指示剂，用待标定溶液滴定至溶液呈暗红色，煮沸 2 分钟，冷却后继续滴定至溶液再呈暗红色。标准溶液标定时要 2 人进行，共 8 个平行滴定，同时做空白试验。

（4）计算

$$c_{HCl}=\frac{m\times 1000}{V\times M}$$

式中：m-无水碳酸钠质量的准确数值（g）；V-滴定消耗 HCl 溶液的体积（ml）；M-无水碳酸钠的摩尔质量$\left[M_{\frac{1}{2}Na_2CO_3}=52.994g/mol\right]$。

3. 1mol/L、0.5mol/L 及 0.1mol/L 硫酸标准溶液的配制

（1）反应原理

$$Na_2CO_3+H_2SO_4 = Na_2SO_4+H_2O+CO_2\uparrow$$

（2）配制

0.1mol/L 硫酸标准溶液：量取 3ml 浓硫酸注入 1000ml 水中，冷却摇匀。

0.5mol/L 硫酸标准溶液：量取 15ml 浓硫酸注入 1000ml 水中，冷却摇匀。

1.0mol/L 硫酸标液溶液：量取 30ml 浓硫酸注入 1000ml 水中，冷却摇匀。

（3）标定：按表 2-1-2 规定称取于 270～300℃高温炉中灼烧至恒重的工作基准试剂无水碳酸钠，置于 250ml 锥形瓶中，溶于新煮沸冷却后的 50ml 蒸馏水中，加 10 滴溴甲酚绿-甲基红混合指示剂，用配制好的硫酸标准溶液滴定至溶液由绿色变为暗红色，煮沸 2 分钟，冷却后继续滴定至溶液再呈暗红色。标准溶液标定时要 2 人进行，共 8 个平行滴定，同时做空白试验。

表 2-1-2 不同浓度硫酸标准溶液的标定所需无水碳酸钠的质量

硫酸标准溶液的 度（mol/L）	工作基准试剂无水碳酸钠的质量（g）
0.1	0.2
0.5	0.95
1.0	1.9

（4）计算

$$c_{\frac{1}{2}H_2SO_4}=\frac{m\times 1000}{(V_1-V_2)\times M}$$

式中：m-无水碳酸钠质量的准确数值（g）；V_1-消耗硫酸溶液的体积（ml）；V_2-空白试验消耗硫酸溶液的体积（ml）；M-无水碳酸钠的摩尔质量$\left[M_{\frac{1}{2}Na_2CO_3}=52.994\text{g/mol}\right]$。

4. 0.1mol/L 草酸标准溶液的配制

（1）反应原理

$$KMnO_4+3H_2SO_4+5H_2C_2O_4 \longrightarrow 2MnSO_4+10CO_2\uparrow+8H_2O$$

（2）配制：称取 6.4g 草酸，溶于 1000ml 水中，混匀。

（3）标定：准确量取 20ml 草酸溶液加到 250ml 锥形瓶中，再加 100ml 硫酸的水溶液（含 8ml 浓硫酸）。用 0.1mol/L 高锰酸钾标准溶液滴定至近终点时，加热至 70℃，继续滴定至溶液呈粉红色，保持 30 秒不褪色。标准溶液标定时要 2 人进行，共 8 个平行滴定，同时做空白试验。

（4）计算

$$c=\frac{(V_1-V_2)\times c_1}{V}$$

式中：c_1-高锰酸钾溶液的摩尔浓度（mol/L）；V_1-滴定消耗高锰酸钾溶液的体积（ml）；V_2-空白试验消耗高锰酸钾溶液的体积（ml）；V-吸取草酸溶液的体积（ml）。

5. 0.1mol/L 高锰酸钾标准溶液的配制

（1）反应原理

$$2MnO_4^-+5C_2O_4^{2-}+16H^+ \longrightarrow 2Mn^{2+}+10CO_2\uparrow+8H_2O$$

（2）配制：称取 3.3g 高锰酸钾，溶于 1050ml 蒸馏水内，慢慢加热溶解，再煮沸 10～15 分钟，冷却过滤溶液，储存于棕色瓶中。

（3）标定：称取 0.25g 于 105～110℃电烘箱中干燥至恒重的工作基准试剂草酸钠，溶于 100ml 硫酸水溶液（含 8ml 浓硫酸），用配制好的高锰酸钾溶液滴定，临近终点时加热至约 65℃，继续滴定至溶液呈粉红色，保持 30 秒不褪色。标准溶液标定时要 2 人进行，共 8 个平行滴定，同时做空白试验。

（4）计算

$$c_{\frac{1}{5}KMnO_4}=\frac{m\times 1000}{(V_1-V_2)\times M}$$

式中：m-草酸钠的重量（g）；V_1-消耗高锰酸钾溶液的体积（ml）；V_2-空白试验消耗高锰酸钾溶液的体积（ml）；M-草酸钠的摩尔质量$\left[M_{\frac{1}{2}Na_2C_2O_4}=66.999\text{g/mol}\right]$。

6. 0.1mol/L 硫代硫酸钠标准溶液的配制

（1）反应原理

$$Cr_2O_7^{2-}+6I^-+14H^+ = 2Cr^{3+}+3I_2+7H_2O$$

$$I_2+2S_2O_3^{2-} = 2I^-+S_4O_6^{2-}$$

（2）配制：称取 26g 硫代硫酸钠（$Na_2S_2O_3\cdot 5H_2O$）（或 16g 无水硫代硫酸钠），加 0.2g 无水碳酸钠，溶于 1000ml 水中，缓缓煮沸 10 分钟，冷却。放置 2 周后过滤。

（3）标定：用减重法精密称取在（120±2）℃干燥至恒重的基准重铬酸钾 0.18g，作为工作基准试剂，置于碘量瓶中，加 25ml 水溶解，加 2g 碘化钾及 20ml 硫酸溶液（20%），摇匀，于暗处放置 10 分钟。加入 150ml 水（15～20℃），用配制好的硫代硫酸钠溶液滴定，临近终点时加 2ml 淀粉指示液（10g/L），继续滴定至溶液由蓝色变为亮绿色。标准溶液标定时要 2 人进行，共 8 个平行滴定，同时做空白试验。

（4）计算

$$c_{Na_2S_2O_3}=\frac{m\times 1000}{(V_1-V_2)\times M}$$

式中：m-重铬酸钾的质量（g）；V_1-消耗硫代硫酸钠溶液的体积（ml）；V_2-空白试验消耗硫代硫酸钠溶液的体积（ml）；M-重铬酸钾的摩尔质量$\left[M_{\frac{1}{6}K_2Cr_2O_7}=49.031\text{g/mol}\right]$。

7. 0.1 mol/L 硝酸银标准溶液的配制

（1）反应原理

$$Ag^++Cl^- = AgCl\downarrow$$

（2）配制：称取 17.5g 硝酸银，溶于 1000ml 水中，摇匀。溶液储存于棕色瓶中。

（3）标定：用减重法精密称取在 270～300℃干燥至恒重的基准氯化钠 0.2g，作为工作基准试剂，然后置于 250ml 锥形瓶中，加入 50ml 水溶解，加 5ml 淀粉指示剂（5g/L），边摇动边用配制好的硝酸银溶液避光滴定，临近终点时，加入 3 滴荧光黄指示剂（5g/L），继续滴定至溶液由黄色变为粉红色。标准溶液标定时要 2 人进行，共 8 个平行滴定，同时做空白试验。

（4）计算

$$c_{AgNO_3}=\frac{m\times1000}{(V_1-V_2)\times M}$$

式中：m-氯化钠的质量的准确数值（g）；V_1-消耗硝酸银溶液的体积（ml）；V_2-空白试验消耗硝酸银溶液的体积（ml）；M-氯化钠的摩尔质量[M_{NaCl}=58.442g/mol]。

8. 0.1mol/L 碘标准滴定溶液

（1）反应原理

$$I_2+2S_2O_3^{2-}=\!=\!=2I^-+S_4O_6^{2-}$$

（2）配制：称取 13g 碘及 35g 碘化钾，溶于 100ml 水中，稀释至 1000ml，摇匀，储存于棕色瓶中。

（3）标定

1）吸取 25.00ml 配制好的碘溶液，置于碘量瓶中，加 150ml 水（15～20℃），用硫代硫酸钠标准滴定溶液$\left[c_{Na_2S_2O_3}=0.1\text{mol/L}\right]$滴定，临近终点时加 2ml 淀粉指示液（10g/L），继续滴定至溶液蓝色消失。标准溶液标定时要 2 人进行，共 8 个平行滴定，同时做空白试验。

2）空白试验：取 250ml 水（15～20℃），加 0.05～0.20ml 配制好的碘溶液及 2ml 淀粉指示液（10g/L），用硫代硫酸钠标准滴定溶液$\left[c_{Na_2S_2O_3}=0.1\text{mol/L}\right]$滴定至溶液蓝色消失。

（4）计算

$$c_{\frac{1}{2}I_2}=\frac{(V_1-V_2)\times c_1}{(V_3-V_4)}$$

式中：V_1-消耗硫代硫酸钠标准溶液的体积（ml）；V_2-空白试验消耗硫代硫酸钠标准溶液的体积（ml）；c_1-硫代硫酸钠标准溶液的浓度（mol/L）；V_3-加入的碘溶液的体积的准确数值（ml）；V_4-空白试验中加入的碘溶液的体积（ml）。

（五）标准溶液储存

1. 标准溶液在 10～30℃下，密封保存时间一般不超过 6 个月，开封使用过的标准滴定溶液保存时间一般不超过 2 个月，当溶液出现浑浊、沉淀和颜色变化等现象时，应重新配制。

2. 储存标准溶液的容器，其材料不应与溶液起理化作用，壁厚最薄处不小于 0.5mm。

3. 完成标准溶液配制后，及时加贴试剂标签，标签上至少应注明：标准物质名称、标准物质浓度、配制基体、配制日期、有效期限、配制人等，并做好配制记录。

（六）其他注意事项

1. 配制人员使用试剂前，应检查试剂名称、浓度、纯度、有效期、颜色、透明度、有无沉淀、有无长菌等，无标签或标签字迹不清、超过使用期、变质、污染的试剂不准使用。

2. 试剂使用时遵守“用多少取多少”原则，用剩的试剂不准再倒回原瓶中。

3. 标准溶液的配制，应采用逐级稀释，稀释过程移取的体积不宜过少。如做 10 倍稀释时，移取 10ml 定容到 100ml 的准确度会比移取 1ml 定容到 10ml，或移取 0.1ml 定容到 1ml 的准确度高。稀释倍数应控制在 100 倍以内为宜。

4. 标准溶液常用保存温度为 20℃，标准滴定溶液标定、直接制备和使用时所用分析天平、砝码、滴定管、容量瓶、单标线吸管等均须定期校正。

5. 在标定和使用标准滴定溶液时，滴定速度一般保持在 6～8ml/min。

6. 称量工作基准试剂时，试剂质量的数值≤0.5g 时，应选择十万分之一天平；数值＞0.5g 时，应选择万分之一天平。

7. 制备标准滴定溶液的浓度值应在规定浓度值的±5%范围。

8. 本方案中标准滴定溶液浓度平均值的扩展不确定度一般＜0.2%。

9. 标准滴定溶液的浓度≤0.02mol/L 时，应于临用前用煮沸并冷却的蒸馏水稀释，必要时重新标定。

（余艳明　庄春红）

第二章　实 验 任 务

一、接单

接单是指接收检测样品，本章主要介绍在接收客户委托的检测样品时所需的操作流程。

（一）实验目的

熟悉接样时合同评审的要素；掌握合同评审时的技术要素；熟悉接样时应该登记的流转表单。

（二）实验步骤

1. 识别客户需求　在接收客户委托检测时，应识别客户的检测及服务需求，准确了解客户需要的检测服务，为合同评审提供帮助。委托服务的客户，可能来自制造商、销售商、代理商、消费者及使用者。而他们寻求实验室提供服务的可能原因：为产品研发提供验证、为产品符合规定要求提供证明、为购买决定提供帮助、为质量争议提供仲裁的技术依据。

2. 合同签署　实验室应编制或修订相应检测申请单。应采用适当的编号规则对不同检测类别的申请单归类受控，应确保其为最新有效版本。

3. 合同评审方法

（1）技术要素评审

1）检测依据评审：检测依据可以是标准、指令或法规。合同评审人员应根据其检测性质和要求，评审检测依据的适用性，如检测依据是否为最新的版本及是否适用于目标市场，产品是否属于检测依据规定的范围等内容。

2）检测方法评审：①对于客户有指定检测方法或者检测依据的，合同评审人员应对指定方法或检测依据上的检测方法（如果检测依据有指明特定检测方法）的有效性和适用性，以及技术和资源的充分性进行评价；②对于客户或其指定的检测依据没有特定检测方法的，即以被委托方默认方法进行检测。采用默认方法的一般顺序为国家标准、地方标准、行业标准、国际标准。

3）检测项目评审：客户委托检测时，合同评审人员应要求客户清晰写明检测项目。对于检测的项目存在多种可选检测条件时，应明确其条件。对于不能满足要求的，应通知客服人员或业务人员同客户沟通并补充完整。

4）样品相关要求评审：评审时应确定与样品相关的包装、标识、样品体积或数量、外观等。当发现样品与检测方法要求有任何偏离时，应告知客户并征询其意见。

5）安全和环保评审：合同评审人员应对样品或检测过程实际存在的或潜在的对于人或环境的危险或危害进行评估。对于液体、气体、粉末及膏状样品必须指明其主要成分。对于易燃、易爆、剧毒的样品不接受检测。

6）结果要求评审：合同评审人员应对结果提交的形式、内容及提交方式进行评审，确保能够满足 CNAS-R02：2015《公正性和保密规则》。对于结果需要施加认可标识的，应特别关注检测标准或项目是否在认可项目范围内。

7）分包项目评审：对于分包项目评审，合同评审人员应确定需要分包的项目，并按照 CNAS-CL01：2006《检测和校准实验室能力认可准则》中 4.5 项规则进行合同评审。

8）实验室能力评审：合同评审员进行实验室能力评审时主要参考实验室的报价表，其罗列的项目均为可进行的项目。

（2）商务要素评审

1）周期要求：合同评审员应根据实验室的报价表列明的周期对检测申请进行评审，对于测试若干个项目时，应以检测时间最长的项目时间为检测周期。

2）测试费用：合同评审员应根据实验室的报价表列明的检测价格对费用进行评审，对于测试若干个项目时，应累加收取检测费用。

3）法律责任：对于客户未提出特别的法律责任的，默认按照通用服务条款执行。对于客户有提出这类要求的，应提交审批。

4. 合同评审记录　实验室应根据 CNAS-CL01：2006《检测和校准实验室能力认可准则》中 4.13 项记录的控制规则建立相关记录控制程序，按照相关程序要求，保存合同评审的记录。其需要保存的记录应包括检测申请单、检测分包申请表、测试修改申请通知单等。

二、食品样品制备与保存

（一）实验目的

熟悉常见食品的制备和保存方法；了解特殊类别食品的制备及保存方法；掌握一般食品样品的制备及保存原则。

（二）实验原理

1. 利用制备器具将食品样品制备成具有均匀性和代表性的样品，以满足检验需求。
2. 采用冷藏、干藏、罐藏等方法对样品进行保存，保持样品的原有特性，避免污染。

（三）仪器

组织捣碎机、剪刀、刀。

（四）实验步骤

1. 制备概述及方法　按采集原则采集的食品样品往往数量较多，颗粒较大，组成不均，不能直接用于分析检测。因此，在检验之前，需要对食品样品进行制备，使其具有均匀性和代表性。样品的制备是指对采集的样品进行分取、粉碎、混匀和缩分等处理工作。

样品制备的一般要求：采集的样品在分析之前应妥善保存，不使样品出现受潮、挥发、风干和变质等现象，以保证其中的成分不发生变化。在样品制备过程中，应在独立区域进行，使用洁净的制样工具。制成样品应盛装在洁净的塑料袋或惰性容器中，立即闭口，加贴样品标识，防止易挥发性成分的逸散，避免样品组成及理化性质发生变化。样品的制备方法有搅拌、切细、粉碎、研磨或捣碎等，因产品类别不同而异。对重金属测试时应注意元素的污染。进行微生物检验的样品，必须按照无菌操作规程进行制备。本项实验主要根据化学检测和微生物检测对常见类别的样品、特殊试样的制备进行描述。

（1）固体样品

1）化学检测：取待测食品样品的可食部分进行切细、粉碎、捣碎和研磨等操作，制成均匀可检状态。不同样品根据本身软硬程度选择不同的粉碎工具。应尽量选用惰性材料制成的器具，如不锈钢、合金材料、玻璃、陶瓷和聚四氟乙烯塑料等。制备样品的过程中不能用手直接接触样品。对水分检测等要求严格的项目，制备样品的过程中应避免引入外在水分，以免造成结果误差。

为保证样品粒度均匀、合适，样品粉碎后应通过标准分样筛。分样筛为金属丝编制的不同孔径的配套过筛工具，可根据分析的要求选用。过筛时，要求全部样品都通过筛孔，未通过的部分应继续粉碎并过筛，直至全部样品都通过为止，而不应该把未过筛的部分随意丢弃，避免造成食品样品中的成分构成改变，影响样品的代表性。经磨碎过筛的样品，必须进一步充分混匀。

2）微生物检测：取样前对外包装进行消毒，消毒后取样检测。对于大而软的样品消毒开封后需在无菌操作下剪碎，再取样检测；对于大而硬的样品应在开封前隔着袋子对样品进行粉碎，然后对外包装进行消毒后取样。所有样品取样过程应保证无菌操作。

（2）液体、浆体或悬浮液体

1）化学检测：通过倒转或搅拌等方式彻底混合所有的液体样品，直至样品混合均匀。操作过程中应避免起泡，混合均匀后立即采样。固体油脂应加热熔化后再混匀。常用的简便搅拌工具是玻璃棒、带变速的电动搅拌器等。

2）微生物检测：取样前将样品充分摇匀，然后再对外包装进行消毒后取样。

（3）罐头

1）化学检测：样品均需取可食用部分进行制样。例如，水果罐头在捣碎前必须清除果核，肉禽罐头、鱼罐头应预先清除骨头，若罐头中含有调味品（葱、辣椒及其他），要将调味品分离后再捣碎。罐头中的固形物和液体需按比例进行取样制备。常用捣碎工具有高速组织捣碎机等。

2）微生物检测：一般是商业无菌检测。将样品放入 36℃培养箱培养，培养结束后按无菌操作进行开罐、pH 检测和感官检查。

（4）生鲜

1）化学检测：对于含水量较高的生鲜样品，应去除样品中不可食用部分，擦干表面附着的水分，取不同部位的样品进行均匀化处理。

2）微生物检测：对外包装进行消毒后取样检测。对于大而软的样品消毒开封后需在无菌操作下剪碎后取样检测；对于大而硬的样品应在开封前隔着袋子对样品进行粉碎，然后对外包装进行消毒后取样。所有样品取样过程应保证无菌操作。

（5）特殊样品的制备方法

1）含二氧化碳试样的预处理：至少取 200g 样品于 500ml 烧杯中，再将烧杯置于电炉上，边搅拌边加热至微沸，保持 2 分钟，称量，用煮沸过的水补充至煮沸前的质量，置于密闭玻璃容器内。

2）不损失乙醇的前提下，除去二氧化碳的试样预处理：可用振摇、超声或搅拌等方式除去酒样中的二氧化碳气体。

A. 振摇法除气：将恒温至15～20℃的酒样约300ml倒入1000ml锥形瓶中，盖塞（橡皮塞），在恒温室内轻轻摇动、开塞放气（开始有“砰砰”声）、盖塞。反复操作，直至无气体逸出。用单层中速干滤纸（漏斗上面盖表面皿）过滤。

B. 采用超声（或磁力搅拌法）除气：将恒温至15～20℃的酒样约300ml移入带排气塞的瓶中，置于超声波水槽中（或搅拌器上），超声（或搅拌）一定时间后，用单层中速干滤纸(漏斗上面盖表面皿)过滤。将除气后的酒样收集于具塞锥形瓶中，温度保持在15～20℃，密封保存，并在2小时内使用。

3）挥发性盐基氮样品预处理：将试样除去脂肪、骨、膜和筋后，绞碎搅匀，再称取。

4）重金属样品预处理：测试重金属时，铁元素不用铁匙取样，钙元素不用瓷坩埚盛装，铝元素尽量避免使用含铝量高的器具。

2. 保存方法

（1）样品制备完成后应盛装在洁净的塑料袋或惰性容器中，立即闭口，加贴样品标识，将样品置于规定温度环境中保存。

（2）样品制备后应于当天分析，以防止其中水分或挥发性物质的散失及待测组分含量的变化。如不能马上分析则应装在洁净密封的容器内，妥善保存，必要时储存于避光处。容易失去水分的样品应先测定水分，不能使样品出现受潮、挥发、风干或变质等现象，以保证测定结果的准确性。

（3）容易腐败变质的样品可用以下方法保存，使用时可根据需要和测定要求具体选择。

1）冷藏：适合短期保存，温度一般以0～5℃为宜。

2）干藏：可根据样品的种类和要求采用风干、烘干或升华干燥等方法。升华干燥（亦称冷冻干燥）是在低温及高真空度的情况下对样品进行干燥（温度：−30～−10℃；压强：10～40Pa）。升华干燥的食品的变化可以减至最小程度，保存时间也较长。

3）罐藏：不能即时处理的鲜样，在允许的情况下可制成罐头储藏。例如，将一定量的试样切碎后，放入乙醇（φ=96%）中煮沸30分钟（最终乙醇浓度应在78%～82%的范围内），冷却后密封，可保存1年以上。

（五）注意事项

一般样品在检验结束后应保留1个月以备需要时复查。保留期从检验报告单签发之日起开始计算。易腐败变质食品不予保存。保留样品加封存入适当的地方，并尽可能保持原状。取用样品时应在样品取样表中登记。

三、称量操作

（一）实验目的

熟悉直接称量法、固定质量称量法、递减称量法；掌握分析天平的使用和维护方法。

（二）实验原理

分析天平采用了现代电子控制技术，利用电磁力平衡原理实现称重，即采用电磁力与被测物体重力相平衡的原理实现测量。当秤盘上加上或除去被称物时，天平即产生不平衡状态，此时可以通过位置检测器检测到线圈在磁钢中的瞬间位移，经过电磁力自动补偿电路使其电流变化以数字方式显示出被测物体质量。

（三）仪器

分析天平（感量 0.0001g）、标准砝码、称量瓶、称量纸、烧杯、蒸发皿、离心管、比色管、试管、消化管、塑料吸管、药匙、毛刷。

（四）实验步骤

1. 称量前准备工作

（1）调节水平：用清洁毛刷将天平托盘及其周围清扫干净，检查天平并调整天平至水平位置，将水泡调至完全处于圆圈的范围内。

（2）预热：在恒定的室温下（20℃），通电预热 30 分钟。

（3）校准：校准砝码应隔着称量纸，不可用手直接接触，须轻拿轻放。

2. 称量

（1）取样器的选择：液体样品应选择塑料吸管来取样，固体样品用药匙取样。固液共存的样品在取样前应充分摇匀。测试铁、铝等元素时，应避免使用铁质或铝质药匙。

（2）称量方法

1）直接称量法：用于称量洁净、干燥的不易潮解或升华的固体试样。具体称量方法：接通分析天平电源，轻按“去皮”键，待电子称量系统自检结束。转移适量待测样品放于秤盘上，轻轻关上天平侧门，待显示器显示稳定的数值后，记录数值，即为被称物的质量。

2）固定质量称量法：用于称取不易吸水、在空气中能够稳定存在的固体试样。具体称量方法：先按直接称量法称取盛放试样的空容器质量，待读数稳定后，不需记录称量数据，轻按“去皮”键，稳定后用药匙将试样慢慢加入容器中，直至天平读数与所需的质量要求基本一致。

3）递减称量法（亦称减重称量法）：用于称取易吸水、易氧化或易与 CO_2 反应的试样。称出试样的质量不要求固定的数值，只需要在要求的称量范围内即可。具体称量方法：将适量的试样装入干燥、洁净的称量瓶中，将洁净的小纸条套在称量瓶上，将称量瓶放在天平秤盘上称其质量，轻按“去皮”键，显示器的读数清零。取出称量瓶，于盛放试样容器的上方取下瓶盖，将称量瓶倾斜，用瓶盖轻敲瓶口，使试样缓缓落入容器中。当接近所需要的重量时，用瓶盖轻敲瓶口，使粘在瓶口的试样落下，同时将称量瓶慢慢直立，盖好瓶盖，将称量瓶放在天平秤盘上称重，重复上述操作，直至显示器显示的数值在要求的范围内，记录数值。同法可连续称出多份试样。

3. 称量要求　称量应确保在目标值有效位数末位 ±1 以内；每次称量都应尽量保证在 30 秒内完成；称量过程不应有称量物洒落；操作时不得剧烈颤抖。

4.. 关机　称量完毕，按“开关”键，关闭显示器，天平处于待机状态。放入 1 个装有干燥变色硅胶的小烧杯。做好天平使用情况记录。保持天平及桌面整洁。

（五）注意事项

1. 分析天平所处环境应避免阳光直射，环境温度在 20℃左右，湿度在 45%～75%，避免有粉尘、震动、冲击和电磁干扰等。

2. 严禁超过分析天平最大额度的称量操作。不使用时，应取下秤盘上的物品，以免传感器长时间受力，而影响其使用寿命。

3. 称量物不能直接放在秤盘内，根据称量物的不同性质，可放在称量纸、表面皿或称量瓶内。对蒸发皿、离心管、比色管、试管不同盛装容器进行称量，不便平稳放置时，可放入烧杯内称量。

4. 同一称量过程中不能更换天平，以免产生相对误差。

5. 若有被称量物洒落，必须小心地用刷子或手持吸尘器清除。清洁时，避免使用强溶剂（如苯、硝基类油漆），以免损坏仪器表面及按键。在擦洗时不要让液体渗到仪器内部。

6. 如需存放或搬运分析天平，请取下秤盘，以免损坏仪器。

7. 使用药匙应注意使用前要选择干净的药匙，在取药品时手不得碰触瓶口，取样量适中。操作稳定，不抖动。

四、恒重操作

（一）实验目的

熟悉各类恒重设备的使用和维护方法；掌握各类检测项目的恒重操作要求。

（二）实验原理

1. 干燥恒重　在压力为 101.3kPa（1 个大气压），温度为 101～105℃（直接干燥法）或者在压力为 40～53kPa，温度为（60±5）℃（减压干燥法）的条件下，连续两次干燥后称重，质量差不超过 2mg。

2. 灼烧恒重　在压力为 101.3kPa 条件下，连续两次灼烧后称重，质量差不超过 0.5mg。

（三）仪器

真空干燥箱、电热干燥箱、马弗炉、分析天平（感量 0.0001g）、干燥器、蒸发皿、坩埚、隔热手套。

（四）实验步骤

1. 恒重判断标准

（1）水分恒重：前后两次干燥后称重，质量差不超过 2mg。

（2）脂肪恒重：前后两次干燥后称重，质量差不超过 2mg。

（3）灰分恒重：前后两次干燥后称重，质量差不超过 0.5mg。

2. 恒重设备的选择

（1）水分恒重：电热干燥箱（直接干燥法）或真空电热干燥箱（减压干燥法）。

（2）脂肪恒重：电热干燥箱。

（3）灰分恒重：马弗炉。

3. 恒重设备的使用

（1）真空电热干燥箱的使用：将需真空干燥处理的物品放入干燥箱内，关好箱门，关闭回气阀，开启真空阀；将真空泵与干燥箱紧密连接后，接通真空泵电源进行抽真空；当真空表指数达到所需真空度时，依次关闭真空阀、真空泵和真空泵电源开关，此时箱内处于真空状态；打开干燥箱电源开关，设定所需温度和时间，进行干燥。

（2）电热干燥箱的使用：将需干燥处理的物品放入干燥箱内，关好箱门；打开电源开关，设定所需温度后即可进行干燥；干燥结束后，关闭电源开关，戴隔热手套取出物品。

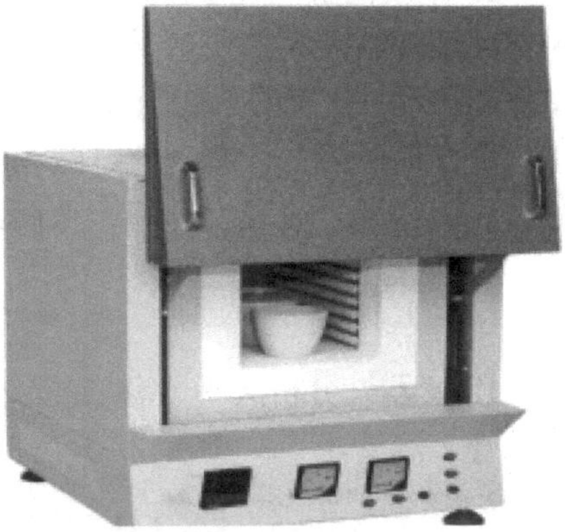

图 2-2-1 马弗炉

（3）马弗炉（图 2-2-1）的使用：将样品放入炉箱内，关闭箱门，打开电源开关，设定工作温度及时间，进行烘干；样品烘好后，打开箱门使其温度降低，然后用夹子夹出样品。

（4）干燥器的使用：检查干燥器内的干燥剂是否受潮变色，若变色应将干燥剂放到烘箱中烘干，检查干燥器口是否涂有凡士林。将物品放入干燥器内冷却时，沿水平方向推开干燥器盖；放好物品后，将干燥器盖从边缘向内部水平推入。

（5）记录：设备使用结束后能将设备正确、清洁归位，并将结果记录于相应的表格中。

（五）注意事项

1. 恒重操作注意事项 恒重过程中所涉及的称重操作都应在器皿冷却至室温后再进行。

2. 真空干燥箱和电热干燥箱使用注意事项

（1）真空干燥箱和电热干燥箱外壳必须有效接地，确保使用安全。

（2）不得将易爆物品放入真空干燥箱和电热干燥箱内进行干燥。

3. 马弗炉使用注意事项

（1）灼烧温度不得超过 600℃，否则会导致钾、钠、氯等易挥发成分的损失。

（2）灼烧结束后，应确保马弗炉温度降至 200℃以下，再打开炉门。

4. 干燥器使用注意事项

（1）新干燥器使用前，必须在磨口边缘涂上一层凡士林，以确保干燥器盖完全密合。

（2）干燥器内应放置干燥剂，若干燥剂受潮变色，应将干燥剂重新置于烘箱中烘干后再使用。

五、消解操作

（一）实验目的

掌握湿法消解及微波消解的原理及方法。

（二）实验原理

1. 湿法消解　在样品中加入适量的氧化性强酸，在加热条件下，破坏样品中的有机物，使待测无机组分释放出来。

2. 微波消解　在 2450MHz 的微波电磁场作用下，微波作用于样品和试剂的混合液，极性分子随微波频率快速转动，每秒钟可变换方向 2.45×10^9 次，从而与周围分子相互碰撞、摩擦和振动，分子的总能量增加，使混合液温度急剧上升。同时，混合液中的带电粒子（离子、水合离子等）在交变的电磁场中，受电场力的作用而来回迁移运动，也会与邻近分子撞击，使得混合液温度升高，从而达到消解的目的。

（三）仪器和试剂

1. 仪器　分析天平、移液枪、电热板、微波消解仪、微波消解罐、锥形瓶、小漏斗、比色管、滴管。

2. 试剂　硝酸、高氯酸、蒸馏水。

（四）实验步骤

以食品中铅含量测定为例进行介绍：

1. 湿法消解　称取固体试样 0.2～3.0g（精确到 0.001g），或用移液枪准确量取液体试样 0.500～5.000ml 于锥形瓶中，加 10ml 硝酸和 0.5ml 高氯酸，放 1 个小漏斗盖住锥形瓶口，于电热板上消解，若酸烟变成棕黑色，再加少量混合酸继续消解，直至冒白烟。当消解液呈无色透明或略带黄色，即可关闭电热板，放冷，用滴管将试样消解液洗入或过滤入（视消化后试样的盐分而定）10ml 比色管中，用蒸馏水少量多次洗涤锥形瓶，洗涤液合并于比色管中并定容至刻度，混匀备用。同时做空白试验：在锥形瓶中加入 10ml 硝酸和 0.5ml 高氯酸，放到电热板上消解，直至冒白烟，再进行定容操作。

图 2-2-2　微波消解仪

2. 微波消解　称取固体试样 0.2～0.8g（精确到 0.001g），或用移液枪准确量取液体试样 0.50～3.00ml 于微波消解罐中，加入 5ml 硝酸，按照微波消解仪（图 2-2-2）的标准操作步骤进行消解，以防止消解过程过于剧烈而产生爆罐等危险。冷却后取出消解罐，在电热板上于 140～160℃赶酸至 1ml 左右。消解罐放冷后，将消解液转移至 10ml 比色管中，用少量蒸馏水洗涤消解罐 2～3 次，合并洗涤液于比色管中并用蒸馏水定容至刻度，混匀备用。同时做空白试验：在微波消解罐中加入 5ml 硝酸，按照微波消解仪的标准操作步骤进行消解，冷却后在电热板上进行赶酸操作，放冷后，进行定容操作。

（五）注意事项

1. 微波消解时，严禁消解易燃、易爆的有机试剂或包含这些试剂的样品（如乙醇、易燃油、含乙醇饮料、酒），如需消解则应先蒸发试剂，再消解。杜绝大量使用高氯酸消解样品。

2. 金属材料不吸收微波，只能反射微波。不能将金属容器放入微波消解仪中。如果操作错误容易损坏磁控管。

3. 清洗微波消解罐体时，将内罐及盖子放入含有清洗液的温水中浸泡片刻后再用温水或自来水进行冲洗（主控罐盖子除外），待洗净后用 20%硝酸浸泡过夜（一般 12 小时），取出后再分别用自来水和去离子水洗净，置于 150～180℃的烘箱中烘 6 小时即可（外罐及架子无须用酸液浸泡，沾上酸液时擦干即可）。

4. 微波消解有密闭容器反应和微波加热两个特点，决定了其完全、快速、低空白的优点，但不可避免地带来了高压（可能过压的隐患）、消化样品量小等不足。故在微波消解前，最好先将样品置于消解罐中，加盖放置 12 小时进行冷消解，再按照微波消解仪的标准操作步骤进行消解，以防止消解过程过于剧烈而产生爆罐等危险。

六、萃取操作

（一）实验目的

熟悉固-液萃取与液-液萃取的原理和常见的操作方法；掌握固相萃取的操作方法。

（二）实验原理

萃取又称溶剂萃取（亦称抽提），是根据相似相溶原理，用合适的溶剂将某种待测成分从食品样品中提取出来，从而实现与其他基体成分分离的一种样品前处理技术。萃取操作是物理过程，并不造成被萃取物质化学成分的改变。

（三）仪器和试剂

1. 仪器　超声波清洗器、振荡器、离心机、高速组织捣碎机、分液漏斗。
2. 试剂　溶剂、萃取剂、盐、清洗液。

（四）实验步骤

本节仅对实验室常用的固-液萃取法、液-液萃取法和固相萃取法进行描述。

1. 固-液萃取法　固-液萃取（亦称浸提）是利用样品中各组分在某一溶剂中的溶解度差异，用适当的溶剂将食品样品中的某种待测成分浸提出来，与样品基体分离。

（1）超声波提取法：在制备好的食品样品中加入适当的溶剂，在超声波清洗器中提取

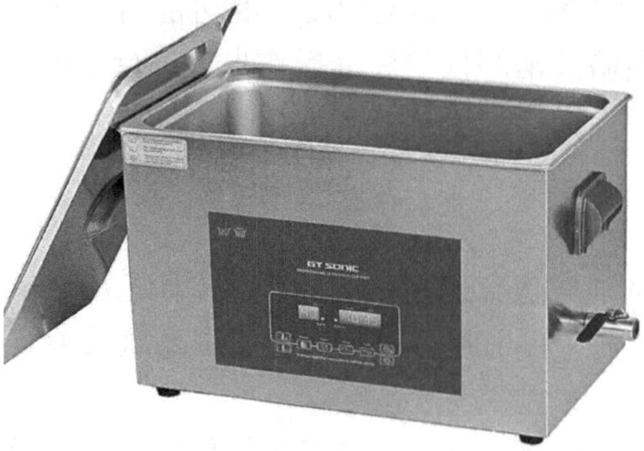

图 2-2-3　超声波清洗器

一定时间。由于超声波的作用，样品中的待测成分能够迅速溶入提取溶剂中。该法快速简便、提取效率高，在实验室较为常用。

超声波清洗器（图 2-2-3）的使用方法：加水至水槽内水位线，将物品放入水槽中，设定时间，即可进行工作。连续长时间（5 分钟以上）开机使用，清洗槽和清洗液会产生正常的温度上升，所以应尽量避免长时间使用，每两次使用的间歇时间尽量控制在 15 分钟左右。切勿在低于水位线状态下进行超声操作。

（2）振荡浸渍法：在制备好的食品样品中加入适当的溶剂浸渍，在振荡器中振荡一定时间，使待测成分转移至提取溶剂中。该法操作简单，可同时处理多个样品。但为了保证提取效率，振荡的时间往往较长。

振荡器的使用方法：将样品和提取溶剂置于离心管中，置于摇床或专用振荡器上，设定时间，即可进行工作。摇床的水槽内应有适量的水，可浸没样液液面。振荡时应注意不要使容器倾倒或样液溅出。

（3）捣碎法：将食品样品和提取溶剂一起放入高速组织捣碎机中，匀浆一定时间，使待测成分转移至提取溶剂中。该法提取效率高，但杂质的溶出也较多。

高速组织捣碎机的使用方法：将调速旋钮旋至最低，打开电源开关，再调节调速旋钮至所需的速度即可匀浆（一般选用中高速）。匀浆结束后先调节调速旋钮至最低，再移开匀浆杯。操作结束后，要及时清洗刀片。

2. 液-液萃取法　是利用系统中组分在两种互不相溶（或微溶）的溶剂中有不同的溶解度或分配系数来分离混合物的单元操作。另外，将萃取后两种互不相溶的液体分开的操作，称作分液。

液-液萃取法适用于液态样品，或经过其他方法溶剂提取后的液态基质。该方法利用离心机或分液漏斗即可操作，但一般需使用大量的有机溶剂。有些样品会出现乳化现象导致两种溶剂间分层不明显，影响分离结果。

（1）离心机的使用：使用前先检查离心机的各个部件是否紧固，离心机放置的位置是否平稳。进行离心时样液应放置平衡。操作时应选择适当转速，正确操作离心机。

（2）分液漏斗（图 2-2-4）的使用：分液漏斗有球形和长梨形两种形状，上下均配有磨口活塞。使用前应对分液漏斗的下部活塞和上口活塞处分别进行检漏。将被萃取溶液和萃取剂分别由分液漏斗的上口倒入，盖好盖子，振荡分液漏斗，使两液相充分接触。在振荡过程若有气体产生，需要放气，使分液漏斗内外压力平衡。振荡完毕后，将分液漏斗静置一定时间，待两相之间产生清晰的界面后再慢慢旋开下部活塞，将下层液体从下口放出。上层液体要从上口倒出，切不可从下口放出，以免被沾污。分离出的萃取溶液再按上述方法进行萃取，一般需萃取 3～5 次，合并萃取液。

3. 固相萃取法　是一类基于液相色谱分离原理的样品前处理技术，是利用样品中的待分离成分和其他成分与固相萃取柱（图 2-2-5）中固定相作用力不同而分离。当样品溶液经过固相萃取柱时，待测成分被吸留，根据待测成分和干扰物质与萃取柱的固定相之间亲和力不同，选择适当溶剂进行分离。主要包括活化、上样、淋洗和洗脱等步骤，兼具分离、净化和浓缩等功能。该方法简便快速，有机溶剂用量少，不会发生乳化现象。

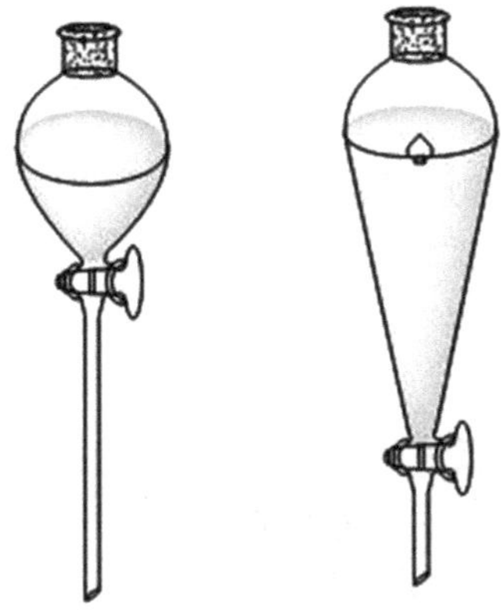

图 2-2-4 分液漏斗

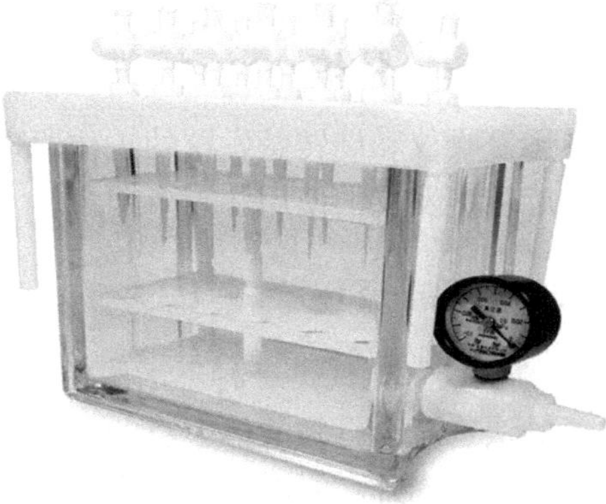

图 2-2-5 固相萃取柱

（1）活化：为了获得较高的回收率和良好的重现性，固相萃取柱在使用前必须用适当的溶剂进行活化，从而使吸附剂溶剂化，并去除吸附剂中可能存在的杂质。活化时，必须根据吸附剂的性质选择适合的溶剂。在上样前已活化的固相萃取柱必须保持湿润。

（2）上样：将液态或溶解后的固态样品倒入活化后的固相萃取柱，利用重力或加压，使样品进入固相萃取柱的吸附剂中。操作过程中需控制样品的流速。

（3）淋洗和洗脱：样品进入吸附剂中，待目标化合物被吸附后，可先用较弱的溶剂将弱保留干扰化合物洗掉，然后再用较强的溶剂将目标化合物洗脱下来，加以收集。可采用抽真空、加压或离心的方法使淋洗液或洗脱液流过吸附剂。如果吸附剂对目标化合物吸附力很弱或不吸附，而对干扰化合物有较强吸附力时，也可让目标化合物先淋洗下来加以收集，而使干扰化合物保留（吸附）在吸附剂上，两者得到分离。在多数的情况下是使目标化合物保留在吸附剂上，最后用强溶剂洗脱，这样更有利于样品的净化。

1）反相固相萃取：萃取柱的固定相为弱极性或非极性吸附剂，通常用水溶性有机溶剂（如甲醇）淋洗，然后用水或缓冲溶液淋洗。也可在用甲醇淋洗之前先用强溶剂（如己烷）淋洗，以消除吸附剂上吸附的杂质及其对目标化合物的干扰。

2）正相固相萃取：萃取柱的固定相为极性吸附剂，通常用目标化合物所在的有机溶剂（样品基体）进行淋洗。

3）离子交换固相萃取：萃取柱所用的吸附剂，在用于非极性有机溶剂中的样品萃取时，可用样品溶剂来淋洗；在用于极性溶剂中的样品萃取时，可用水溶性有机溶剂淋洗后，再用适当 pH 并含有一定有机溶剂和盐的水溶液进行淋洗。

（五）注意事项

1. 选取的萃取剂和原溶剂必须互不混溶。
2. 选取的萃取剂和溶质必须互不发生反应。
3. 溶质在萃取剂中的溶解度要远大于在原溶剂中的溶解度。
4. 固相萃取法中上样和洗脱的流速不宜太快，以 1ml/min 为宜。

七、浓缩操作

（一）实验目的

熟悉氮吹仪和旋转蒸发仪的工作原理；掌握氮吹仪和旋转蒸发仪的使用方法；熟悉氮吹仪和旋转蒸发仪的使用注意事项。

（二）实验原理

1. 氮吹仪　氮气是一种不活泼的气体，能起到隔绝氧气的作用，防止氧化。氮吹仪利用氮气的快速流动打破液体上空的气液平衡，从而使液体挥发速度加快；并通过金属加热或水浴加热方式升高温度（目标物的沸点一般比溶剂的沸点要高一些），从而达到浓缩的目的。

2. 旋转蒸发仪　通过电子控制，使烧瓶在最合适的速度下，恒速旋转以增大蒸发面积。通过真空泵使蒸发烧瓶处于负压状态。蒸发烧瓶在旋转同时置于水浴锅中恒温加热，瓶内溶液在负压下在旋转烧瓶内进行加热扩散蒸发，从而到达浓缩目的。

（三）仪器和试剂

1. 仪器　氮吹仪、旋转蒸发仪。
2. 试剂　氮气、乙醇。

（四）实验步骤

1. 氮吹仪（图 2-2-6）浓缩

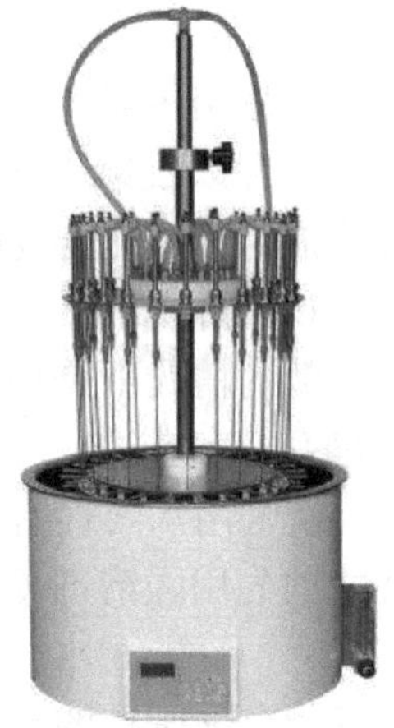

图 2-2-6　氮吹仪

（1）氮吹仪操作前准备：打开钢瓶气阀，调节减压阀，使分压≤1MPa，检查管路的气密性。用乙醇擦拭通气针管，将升降装置的锁紧旋钮拧松，使旋转套管可以自由旋转。旋转套管，依次将装有样品的试管放入试管架的相应位置。拧松通气管螺母，调整通气管位置，使其位于样品上方的合适位置，拧紧螺母。

（2）氮吹仪操作：接通电源，打开电源开关，在控制面板上设置相应参数，启动主机；根据主机内水面高度，向下压缩升降弹簧，使装有样品的试管处于水面合适的位置，然后拧紧旋钮；缓慢打开氮气源，旋转流量计和流量阀的调节旋钮，控制整体的气体流量，然后通过流量阀的调节旋钮控制每路流量；观察吹扫情况，直至样品表面吹起波纹。氮吹结束后，关闭流量阀、流量计、钢瓶总阀及电源开关，并用乙醇擦拭使用过的通气针管。每次使用结束后应在使用记录上做好登记。

2. 旋转蒸发仪浓缩（图 2-2-7）

（1）旋转蒸发仪操作前准备：操作前，确定各个部件已经固定好，系统已密封好，真空度达到 0.09MPa 以上。水浴锅中水位高度为水浴锅的 2/3 左右。环境温度要求为 30℃以下；湿度要求在 70%RH 以下。

（2）旋转蒸发仪操作：往水浴锅内加水，打开水浴锅后部电源开关，设置合适的水浴锅温度。调整蒸发瓶的倾斜度，并浸没入水浴锅中，盖上保护罩。关闭通气阀，接通真空泵开关，通冷却水，开启旋转电源，调整蒸发瓶转速，运行仪器。蒸发至所需要求时，打开通气阀，关闭真空泵开关，关闭仪器，取下样品。

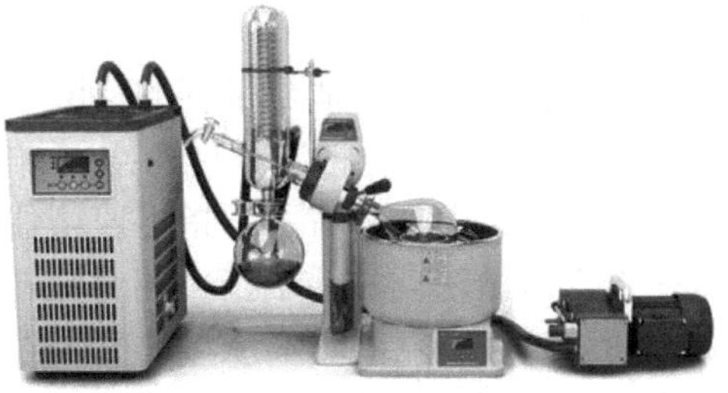

图 2-2-7 旋转蒸发仪

（五）注意事项

1. 氮吹仪使用后应用乙醇擦拭通气针管，定期更换主机内槽的水。

2. 氮吹仪的流量计在使用时，应缓慢开启阀门，然后用阀门调节流量，流量计的工作压力≤1MPa。

3. 旋转蒸发仪玻璃零件应轻拿轻放，安装前应洗干净，擦干或烘干。

5. 旋转蒸发仪各磨口、密封面密封圈及接头安装前都需要涂一层真空脂。

6. 旋转蒸发仪的加热槽通电前必须加水，不允许无水干烧。

7. 旋转蒸发仪如真空抽不上来需检查各接头、接口是否密封，密封圈、密封面是否有效，主轴与密封圈之间真空脂是否涂好，真空泵及其皮管是否漏气，玻璃件是否有裂缝、碎裂、损坏的现象。

八、稀释操作

（一）实验目的

熟悉稀释操作的原则；掌握移液管的操作要求；掌握数字移液器（移液枪）的操作要求。

（二）实验原理

稀释是指对现有溶液加入更多溶剂后使其浓度变小的一种操作过程。

（三）仪器和试剂

1. 仪器　移液管、移液枪、容量瓶、烧杯若干。
2. 试剂　待移取溶液。

（四）实验步骤

1. 稀释原则　单次稀释倍数不得超过 100 倍，稀释前母液应先均质，盛放稀释液的容器应预先置入适量的基体。

2. 玻璃移液管的使用

（1）洗涤：使用前，玻璃移液管应依次用自来水和蒸馏水洗涤 3 次，再用待移取溶液润洗 3 次。

（2）移液：选择适当量程的移液管。左手持洗耳球，右手持移液管上端，将移液管插入液面下 1～2cm。将洗耳球内空气排空后，对准移液管上端口进行吸液；将液体吸至移液管刻度线以上后，右手示指迅速堵住移液管上端口；左手倾斜烧杯，右手持移液管并保持垂直，微微松动右手示指，同时旋转管身，进行调零。

（3）放液：左手倾斜承接容器，右手持移液管并保持垂直；移液管下端口紧靠承接容器内壁；松开右手示指，放出液体，待液体流完后，再停靠 15 秒。

3. 移液枪的使用

（1）将移液枪的容量调至被检点：垂直地按住移液枪，旋转按钮至检定位置，套上合适的枪头。

（2）吸液：将按钮按至第 1 停止点，将枪头浸入装有待吸液体的容器内，保持吸嘴尖端在液面下 2～3mm 处，缓慢松开按钮，等待 1～2 秒后离开液面。擦干枪头外的液体。

（3）放液：将枪头尖端紧靠承接容器内壁，并与其成 45°。缓慢地将按钮按至第 1 停止点，等待 1～2 秒，再将按钮完全按下；将枪头沿着承接容器内壁向上移开。

（五）注意事项

1. 移液枪塑料件外壳表面应平整、光滑，不得有明显的缩痕、废边、裂纹、气泡和变形等现象，金属件表面镀层应无脱落、锈蚀和起层。

2. 移液枪主体应具有下列标记，产品名称、制造厂或商标、标称容量、型号规格和出厂编号。

3. 枪头应采用聚丙烯材料制成。

4. 枪头不得有明显的弯曲现象，内壁应光洁、平滑，排液后不得有残留液体存在。

5. 不同规格型号的移液枪应采用相应配套的枪头。

九、滴定操作

（一）实验目的

掌握滴定分析的基本操作方法；熟悉酸碱指示剂的使用范围。

（二）实验原理

滴定分析是理化检验操作过程中重要的定量分析手段，是一种将已知浓度的标准溶液滴加到待测试样中，通过标准溶液与待测试样之间的定量反应关系，确定被测物质含量的分析方法。酸碱滴定分析通过酸碱指示剂的颜色变化指示滴定终点，目测标准溶液消耗体积，计算分析结果。

（三）仪器和试剂

1. 仪器　酸碱滴定管、锥形瓶、烧杯、量筒、容量瓶、玻璃珠、分析天平（感量 0.0001g）。

2. 试剂 酚酞指示剂、甲基橙指示剂、溴甲酚绿-甲基红指示剂、碱性酒石酸铜溶液（甲液、乙液）、95%乙醇、葡萄糖标准溶液。

（四）实验步骤

1. 酸碱滴定的基本操作步骤

（1）酸碱指示剂的选择：依据指示剂的变色范围进行选择。若反应生成强酸弱碱盐，溶液呈酸性，可选用甲基橙指示剂（变色范围 pH 3.1～4.4）；若反应生成强碱弱酸盐，溶液呈弱碱性，可选用酚酞指示剂（变色范围 pH 8.0～9.6）。

（2）滴定准备

1）检漏：检查活塞或橡胶管是否漏液，活塞转动是否灵活。

2）洗涤：将滴定管和锥形瓶用蒸馏水洗涤干净。

3）润洗：用适量滴定液润洗滴定管 2～3 次。

4）装液：装入滴定液，使液面至滴定管“0”刻度线以上。

5）排气泡：若滴定管尖嘴存在气泡，应手持滴定管上部无刻度处，快速开关活塞冲走气泡。

6）调零：调整液面至滴定管“0”刻度或“0”以下某刻度并记录读数。

（3）滴定：应边摇边滴，滴定过程中眼睛要观察锥形瓶内待测试样的颜色变化。滴定时，右手转动锥形瓶，左手通过控制活塞或玻璃球调节滴定液流速，此时滴定速度可稍快，但不可流成“水线”。当接近滴定终点时，应改为“加 1 滴，摇几下”。最后，每加半滴溶液就应摇动锥形瓶，直至溶液出现明显的颜色变化。

半滴操作方法：微微转动活塞，使溶液悬挂在出口管嘴上，形成半滴，触碰锥形瓶内壁使其沾落，再以少量蒸馏水吹洗瓶壁。用碱管滴加半滴溶液时，应先松开拇指和食指，将悬挂的半滴溶液沾在锥形瓶内壁上，再放开无名指与小指。这样可避免出口管尖出现气泡，使读数出现误差。

（4）结果记录：准确读数，并记录正确实验结果。

（5）存放：实验结束后，弃去滴定管中的剩余的溶液，用水洗净滴定管后，将其倒置于滴定管夹上。

2. 常用酸碱指示剂的配制

（1）酚酞指示剂（10g/L）：称取 1g 酚酞，溶于少量乙醇（95%），再用乙醇（95%）稀释至 100ml。

（2）甲基橙指示剂（1 g/L）：称取 0.1g 甲基橙，溶于 70℃的水中，冷却，稀释至 100ml。

（3）溴甲酚绿-甲基红指示剂：称取 0.1g 溴甲酚绿，溶于少量乙醇（95%）初步混匀，再用乙醇（95%）稀释至 100ml。称取 0.2g 甲基红，溶于少量乙醇（95%）初步混匀，再用乙醇（95%）稀释至 100ml。取 30ml 溴甲酚绿溶液与 10ml 甲基红溶液混匀。

3. 项目：还原糖检验滴定

（1）配制碱性酒石酸铜溶液（甲液、乙液）

甲液：称取 15g 硫酸铜（$CuSO_4 \cdot 5H_2O$）及 0.05g 次甲基蓝，溶于水中并稀释至 1000ml。

乙液：称取 50g 酒石酸钾钠及 75g 氢氧化钠，溶于水中，再加入 4g 亚铁氰化钾，完全溶解后，用水稀释至 1000ml，储存于橡胶塞玻璃瓶内。

（2）配制葡萄糖标准溶液：精密称取1.000g经过98～100℃干燥至恒量的纯葡萄糖，加水溶解后加入5ml盐酸，并以水稀释至1000ml。此溶液每毫升相当于1mg葡萄糖。

（3）滴定：吸取5.0ml碱性酒石酸铜（甲液）及5.0ml碱性酒石酸铜（乙液），置于150ml锥形瓶中，加水10ml，加入玻璃珠2粒，从滴定管滴加约9ml葡萄糖标准溶液，控制在2分钟内加热至沸腾，趁热以每2秒1滴的速度继续滴加葡萄糖标准溶液，以溶液蓝色刚好褪去为滴定终点，记录消耗葡萄糖标准溶液的总体积。

（4）结果记录：准确读数，并记录正确实验结果。

（五）注意事项

1. 摇瓶时，应使溶液向同一方向做圆周运动（左右旋转均可），但勿使瓶口接触滴定管，溶液也不得溅出。

2. 滴定时，左手不能离开活塞任其自流。

3. 注意观察溶液落点周围溶液颜色的变化。

4. 每次滴定最好都从“0”刻度线开始，以尽量减小实验误差。

5. 滴定结束后，滴定管内剩余的溶液应弃去，不得倒回原瓶，以免污染原瓶溶液。随即洗净滴定管后，将其倒置于滴定管架上。

十、结果报告

（一）实验目的

掌握报告需具备的要素；熟悉各类产品检测报告模板的制作；熟悉检测报告的审核、发放、存档及修改。

（二）实验步骤

1. 检测报告的内容

（1）基本内容：根据CNAS-CL01：2006《检测和校准实验室能力认可准则》及《RB/T 214-2017 检验检测机构资质认定能力评价 检验检测机构通用要求》，检测报告应包含以下必需的信息点。

1）标题（如“检测报告”“校准证书”“抽样报告”）。

2）实验室的名称和地址，实施实验活动的地点。

3）检测报告的唯一性标识和每一页上的标识，以确保能够识别该页是属于检测报告的一部分，以及表明检测报告结束的清晰标识。

4）客户的名称和联络信息。

5）所用方法的识别。

6）检测物品的描述、状态和明确的标识。

7）检测或校准物品的接收日期，以及对结果的有效性和应用至关重要的抽样日期。

8）对结果的有效性和应用至关重要的检测物品的接收日期和进行检测的日期。

9）当检出结果低于检出限，应在检测报告中提供检出限的数值。

10）如果报告的结果是用数字表示的数值，应按照标准方法的规定进行表述，当方法没有相关规定时，依照有效数值修约的规定表述。

11）如与结果的有效性和应用相关时，需说明实验室或其他机构所用的抽样计划和程序的说明。

12）检测的结果，有必要时应带有法定计量单位。

（注：有的测试项目是不带单位的，如感官测试、标签测试等。）

13）检测报告批准人的姓名、职务、签字或等同的标识。如发放带有 CMA 标识的检测报告，报告中须包含报告编制人员、审核人员、批准人员三级签字或等效标识。

14）包含结果仅与被检测物品有关和不得部分复印报告的声明。

（2）当解释检测结果需要或客户有要求时，或检测方法要求时需要对检测结果做出进一步说明或解释的，报告中除以上要求的内容外，还应包含以下内容。

1）对检测方法的偏离、增添或删减，以及特定检测条件信息。

2）符合或不符合要求和（或）规范的声明。

3）当不确定度与检测结果的有效性或应用相关，或客户有要求，或不确定度影响到对结果符合性的判定时，报告中还应包含不确定度的信息。

4）当解释检测结果需要或客户有要求时，或检测方法要求时，应报告质量控制结果。

5）特定方法，客户或客户群体要求的附加信息。

6）当客户或检测方法有要求时，实验室应报告质量控制结果。

7）如样品的有关信息或附加信息为委托方提供的，应在报告中注明。

（3）需要对含有抽样检测结果做出进一步说明或解释的，除应满足以上要求外，还应对抽样进行说明。包括以下内容。

1）取样日期，取样位置，样品标识。

2）取样计划和程序的引用。

3）取样过程中可能影响测试结果说明的环境条件描述。

4）取样方法或程序的标准，以及对有关规范的偏离、增补或删减。

（4）在对测试结果作评价和说明时，应将评价和说明的依据文件化，通过与客户直接对话传达评价和说明的内容更为恰当，但这些对话应有文字记录。评价和说明须在检测报告中清晰地标出，评价和说明可包括但不限于以下内容。

1）对结果符合（不符合）要求声明的意见。

2）满足合同要求。

3）对结果如何使用的指导性意见。

4）对改进的指导。

2. 报告格式　检测报告应设计为相对固定的格式，经批准后方可投入使用。

3. 报告编制

（1）报告制作人员按照要求进行报告编号、编页码并打印。

（2）报告内容包括客户要求的、为说明测试结果所需及测试方法要求的全部信息。报告所列项目不得删减或空缺，无法明确填写的项目一律填“—”。所有对报告的进一步说明或评价均增加于备注（Remark）中。

（3）报告中应尽量使用法定计量单位和通用单位。当检出结果低于检出限，应在检测报告中提供检出限的数值。

（4）如果报告的结果是用数字表示的数值，应按照标准方法的规定进行表述，当方法没有相关规定时，应参考《数值修约规则与极限数值的表示和判定》（GB/T 8170—2008）规定表述结果。

（5）对于分包含有结果的报告，应在报告中清晰注明结果来源于分包方。

（6）当报告结果全部不在 CNAS/CMA/CMAF 认可范围内或全部由分包方完成，不允许在其报告或证书上使用 CNAS/CMA/CMAF 认可标识；当报告中包含部分非认可项目时，如需使用认可标识，应严格按照认可标准的要求执行（如 CNAS 要求一定要备注清楚不在资质范围内）。

4. 报告审核

（1）报告编制人员预先检查报告，对报告中打印错误、字迹不清、报告不完整等差错应重打，报告内容手写修改无效。

（2）报告审核人员对检测报告中所描述的内容进行符合性和有效性审查。当发现异常时，应会同检测工程师检查检测原始记录、原始数据、分析方法、环境及样品等，找出存在的原因。审核后，授权签字人在授权范围内批准检测报告的发放。

（3）报告须签名方为有效，签名不全或使用私章代替签名的均为无效报告。可以进行报告签发的人员为授权签字人，其他人员签名无效。

5. 报告的发放

（1）报告签发后应通知客户领取或寄发。

（2）无论客户直接领取还是通过快递等方式传递检测报告，客服人员均应将报告发放情况登记到设定的登记表中，注明发放的方式。

6. 报告的修改

（1）如果为实验室内部失误发生报告错误而需要修改的，应及时修正并重新签发新报告。修改须将原报告作废并在作废报告上注明“取代之报告编号为*********”。

（2）如客户要求修改报告，须提出申请并获批准后将原报告作废并在作废报告上注明“取代之报告编号为*********”，再签发一份新的报告。

（3）重新签发的检测报告，应重新进行编号，编号规则为：在原报告编号后加 R+序列号，序列号代表修改次数。

7. 记录保存　所有的检测报告实验室均应永久保存电子副本。设定的登记表应存档并保存检测申请记录、分包报告、原始检测记录等。

（陈志华　陈海玲　庄春红　洪妍妍　李厚标　李宝珠　张文杰
王敏杰　杨献珍）

第三章　综合技能考核

一、气相色谱法测定蛋糕中甜蜜素含量

（一）实验目的

掌握气相色谱法测定蛋糕中甜蜜素含量的基本原理和方法；熟悉气相色谱仪的使用方法。

（二）实验原理

环己基氨基磺酸钠（甜蜜素）与亚硝酸钠在硫酸介质中反应，生成环己醇亚硝酸酯。衍生化反应后，低沸点的衍生物必须在冰浴中用正庚烷提取，然后分离正庚烷层注入色谱仪进行分析，利用气相色谱法进行定性和定量分析。

（三）仪器和试剂

1. 仪器　气相色谱仪（配有配有氢火焰离子化检测器，FID）（图 2-3-1）、毛细管色谱柱（30m×0.53mm×1.0μm）、分析天平（感量 0.0001g）、数控超声清洗器（100kHz）、离心机（7000r/min）、旋涡混合器、计时器、移液枪、具塞比色管（100ml）、60ml 反应瓶、有机过滤膜（0.45μm）、搅碎机、注射器（2.5ml）、反应瓶、冰水浴、样品袋数个。

图 2-3-1　气相色谱仪

2. 试剂

（1）正庚烷（色谱纯）。

（2）氯化钠（分析纯）。

（3）50g/L 亚硝酸钠溶液：称取 25g 亚硝酸钠固体，加水稀释至 500ml，混匀。

（4）200g/L 硫酸溶液：量取 54ml 浓硫酸沿杯壁小心缓缓加入 400ml 水中，同时不停搅拌，后加水至 500ml，混匀。

（5）10.00mg/ml 环己基氨基磺酸钠标准溶液：精确称取 1.000g 环己基氨基磺酸钠，加

水溶解，转移至 100ml 容量瓶，定容至刻度（冷藏可保存 3 个月）。

（四）实验步骤

1. 标识　对样品进行正确编号。

2. 样品处理

（1）样品准备：将蛋糕切碎，再用搅碎机粉碎，储存于样品袋中，保存备用。

（2）样品溶液的制备：按称量操作要求，用分析天平（操作同前，后文略）正确称取已粉碎的样品 2.0g 于 100ml 具塞比色管中，加水至刻度，放置于数控超声清洗器中，超声 1 小时，静置。准确吸取 20ml 于反应瓶中，置于冰水浴中。加入 5ml 50g/L 亚硝酸钠溶液和 5ml 100g/L 硫酸溶液，立刻加盖摇匀，在冰水浴中放置 30 分钟，每 5 分钟振摇 1 次，然后各准确加入 10ml 正庚烷和 5g 氯化钠，摇匀后置旋涡混合器上振动 1 分钟（或振摇 80 次）。

3. 标准溶液的制备　分别准确吸取 10μl、20μl、50μl、100μl、200μl、500μl 的 10.00mg/ml 环己基氨基磺酸钠标准溶液于 60ml 反应瓶中，各加入 20ml 水，置于冰水浴中，再分别加入 5ml 50g/L 亚硝酸钠溶液和 5ml 100g/L 硫酸溶液，立刻加盖摇匀，在冰水浴中放置 30 分钟，每 5 分钟振摇 1 次，然后各准确加入 10ml 正庚烷和 5g 氯化钠，摇匀后置旋涡混合器上振动 1 分钟（或振摇 80 次）。

4. 测定

（1）仪器条件设置：根据各自仪器性能调至最佳状态。参考条件为如下。

色谱柱：弱极性石英毛细管柱，30m × 0.53mm × 1.0μm。

升温程序：初温 55℃保持 3 分钟，10℃/min 升温至 90℃保持 30 秒，20℃/min 升温至 200℃保持 3 分钟。

进样口：230℃；进样量 1μl，不分流/分流进样，分流比 1：5（可根据实际条件调整）。

检测器：FID，260℃。

载气：高纯氮气，流量 12.0ml/min，尾吹 20ml/min。

氢气：30ml/min；空气 330ml/min（可根据实际条件调整）。

（2）标准曲线的绘制：按“由低到高”的浓度顺序，用 2.5ml 注射器依次吸取各个浓度梯度的标准溶液至色谱进样瓶中，用气相色谱仪进行分析，测得其峰面积。以浓度为横坐标，以峰面积为纵坐标，绘制标准曲线。

（3）样品溶液的检测：用 2.5ml 注射器取静置分层后的样品溶液 1～2ml 有机层，经过 0.45μm 有机过滤膜过滤至色谱进样瓶中，用气相色谱仪进行分析，测得其峰面积后，根据标准曲线查得相应含量。

（五）计算

甜蜜素含量计算公式如下：

$$X=\frac{10\times c\times 10^{3}}{m\times 10^{6}}\times F\times 0.89$$

式中，*X*-样品中甜蜜素的含量（g/kg）；10-正己烷的体积（ml）；*c*-样品所对应的甜蜜素浓度（μg/ml）；*m*-样品的质量（g）；*F*-稀释倍数；0.89-以环己基氨基磺酸计。

计算结果保留两位有效数字，结果与参考值的偏差在±10%以内。

（六）注意事项

1. 冰浴反应环境应为4℃左右。

2. 配制硫酸溶液时，应将浓硫酸沿杯壁缓缓倒入水中进行稀释，同时不停搅拌溶液。切不可将水直接倒入浓硫酸中，以免浓硫酸释放热量过多，导致溶液沸腾溅出造成事故。

3.样品溶液在提取过程中需要静置过夜。

二、石墨炉原子吸收法测定豆奶粉中铅含量

（一）实验目的

掌握石墨炉原子吸收法测定豆奶粉中铅含量的原理和方法；熟悉原子吸收光谱仪的使用方法。

（二）实验原理

试样经灰化或酸消解后，注入石墨炉原子吸收光谱仪中，电热原子化后吸收283.3nm共振线，在一定浓度范围，其吸收值与铅含量成正比，与标准系列比较定量。

（三）仪器和试剂

1. 仪器　石墨炉原子吸收光谱仪（配有石墨炉原子化器及铅空心阴极灯）（图2-3-2）分析天平（感量0.0001g）、数控数显电热板（可调至285℃）、移液枪（100～1000μl）、锥形瓶（50ml）、小漏斗（40mm）、比色管（10ml）、容量瓶（100ml）。

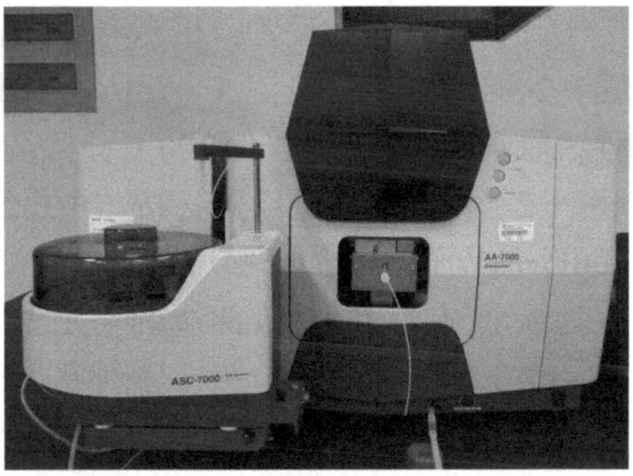

图2-3-2　石墨炉原子吸收光谱仪

2. 试剂　除非另有规定，本方法所使用试剂均为分析纯。

（1）硝酸（优级纯）。

（2）高氯酸（优级纯）。

（3）硝酸（1+9）：取50ml硝酸慢慢加入到450ml水中，混匀。

（4）硝酸（5+95）：取50ml硝酸缓慢加入到950ml水中，混匀。

（5）磷酸二氢铵溶液（20g/L）：称取0.20g磷酸二氢铵，加少量硝酸溶液(1+9)溶解，再加入2.00g磷酸二氢铵进行溶解，用硝酸溶液(5+95)定容至100ml。。

（6）铅的标准储备液（1000mg/L）。

（7）铅的标准中间液（1.00mg/L）：取1.00ml铅的标准储备液于1000ml容量瓶中，用硝酸（5+95）定容至刻度。

（四）实验步骤

1. 标识 对样品进行正确编号。

2. 样品处理

（1）样品准备：将豆奶粉均质，储存于样品袋中，保存备用。

（2）样品溶液的制备：样品消解（湿法消解）

1）称样消解：按称量操作要求，用分析天平正确称取样品 1g（精确到 0.001g）于锥形瓶中，加 10ml 硝酸和 0.5ml 高氯酸，放 1 个小漏斗盖住锥形瓶口，于电热板上消解，若酸烟变成棕黑色，再加少量硝酸继续消解，直至冒白烟，消解液呈无色透明或略带黄色。

2）赶酸：用蒸馏水小心冲洗小漏斗外壁，注意洗液应全部流入锥形瓶内，进行赶酸，等到再次冒白烟时加入少量蒸馏水再次进行赶酸（两次加水量在 10ml 左右），最后再冒白烟时取下锥形瓶，放冷。

3）定容：将试样消解液洗入或过滤入（若有盐分晶体析出则需要过滤）10ml 比色管中，用水少量多次洗涤锥形瓶，洗涤液合并于比色管中并定容至刻度，混匀备用。

4）空白试剂：加入 10ml 硝酸和 0.5ml 高氯酸，放到电热板上消解，直至冒白烟，进行赶酸操作，再进行定容操作。

3. 铅标准溶液的制备　取 6 支 25ml 的具塞比色管，在各支比色管中加入少量硝酸（5+95），然后用移液枪分别移取 0ml、0.500ml、1.00ml、2.00ml、3.00ml 和 4.00ml 铅的标准中间液于 100ml 容量瓶中，用硝酸（5+95）定容到刻度。各支比色管中的铅的浓度分别为 0μg/L、5.00μg/L、10.0μg/L、20.0μg/L、30.0μg/L 和 40.0μg/L。

4. 测定

（1）仪器条件设置：根据各自仪器性能调至最佳状态。参考条件为波长 283.3nm，狭缝 0.2～1.0nm，灯电流 5～7mA，干燥温度 120℃，20 秒；灰化温度 450℃，持续 15～20 秒，原子化温度 1700～2300℃，持续 4～5 秒，背景校正为氘灯或塞曼效应。

（2）标准曲线的绘制：按"由低到高"的浓度顺序，依次吸取各个浓度的铅标准溶液 10μl，注入石墨炉原子吸收光谱仪，测得其吸光值并求得吸光值。以浓度为横坐标，以吸光值为纵坐标，绘制标准曲线的一元线性回归方程，其线性相关系数 $r \geqslant 0.995$。

（3）样品溶液的检测：分别吸取样液和试剂空白液各 10μl，注入石墨炉原子吸收光谱仪，测得其吸光值，代入标准曲线中求得样液中铅含量。

（五）计算

铅含量计算公式如下：

$$X = \frac{m_1 - m_0}{m_2}$$

式中：X-试样中铅含量（mg/kg 或 mg/L）；m_1-试样溶液中铅的质量（μg）；m_0-空白溶液中铅的质量（μg）；m_2-试样称量质量（g）或移取体积（ml）。

计算结果保留两位有效数字，结果与参考值的偏差在 ± 10%以内。

（六）注意事项

1. 仪器稳定性控制　绘制好标准曲线之后，开始测试样品之前先进 1 个 QC（质控样），检查仪器是否稳定，要求测出的浓度在理论值的±10%以内。若不满足则要重新绘制标准曲线或进行机器维护。

2. 测试样品加标回收率　若发现检出异常样，则可以复测试样，在对样品进行复测时，在样品消解前加入等含量或接近含量的标准液进行消解，上机测试，计算其回收率，计算出来的回收值应在 80%～120%，若不是，则应进行机器维护及重新称量复测。

3. 测试空白加标回收率　每天上机测定样品都需要测定空白样的加标回收率，计算出来的数值要在 80%～120%。

4. 标准中间液使用　标准中间液应在冷藏的情况下使用，有效期为 30 天。

5. 基体改进剂的使用　对有干扰的试样，则注入适量的基体改进剂磷酸二氢铵溶液（一般为 5μl 或与试样同量消除干扰）。绘制铅标准曲线时也要加入与试样测定时等量的基体改进剂磷酸二氢铵溶液。

三、液相色谱法测定汽水中苯甲酸、山梨酸、糖精钠含量

（一）实验目的

掌握液相色谱法测定苯甲酸含量的原理和方法；熟悉液相色谱仪的使用方法。

（二）实验原理

样品经前处理后，通过反相高效液相色谱分离、紫外检测器检测，再根据保留时间定性，根据外标峰面积定量。

（三）仪器和试剂

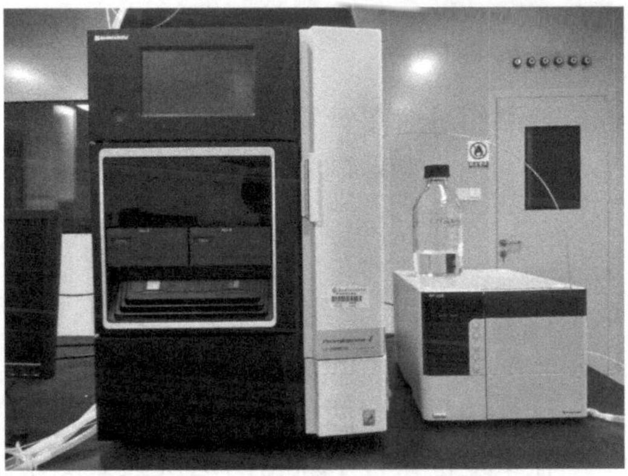
图 2-3-3　高效液相色谱仪

1. 仪器　高效液相色谱仪（配有紫外检测器）（图 2-3-3）、超声波水浴振荡器（100kHz）、pH 计、分析天平（感量 0.0001g）、容量瓶（25ml）、有机过滤膜（0.45μm）、注射器（2.5ml）。

2. 试剂　无特别注明试剂均用分析纯。

（1）甲醇（色谱纯）。

（2）乙酸铵溶液（0.02mol/L）：称取 1.54g 乙酸铵，加蒸馏水溶解并定容至 1000ml，经过滤膜（0.45μm）过滤。

（3）氨水（1+1）：氨水与水等体积混合。

（4）苯甲酸标准储备液：精确称取苯甲酸 0.1000g，用水溶解并定容至 100ml 容量瓶，即得苯甲酸标准储备液（1mg/ml）。

（5）山梨酸标准储备液：精确称取山梨酸 0.1000g，用水溶解并定容至 100ml 容量瓶，即得山梨酸标准储备液（1mg/ml）。

（6）糖精钠标准储备液：精确称取糖精钠 0.1000g，用水溶解并定容至 100ml 容量瓶，即得糖精钠标准储备液（1mg/ml）。

（四）实验步骤

1. 标识　对样品进行正确编号。

2. 样品溶液的制备　按称量操作要求，用分析天平正确称取 10g 样品（精确至 0.001g）于 25ml 容量瓶中。若样品中含有乙醇，需水浴加热除去乙醇后，冷却至室温，再用水定容至原体积，再用氨水（1+1）调节 pH 至近中性，用水定容至刻度，混匀。

3. 苯甲酸、山梨酸、糖精钠混合标准溶液的制备　混合标准溶液：分别准确吸取 1ml 的苯甲酸、山梨酸和糖精钠标准储备液到 10ml 的容量瓶中，加水定容，即得浓度为 100μg/ml 的混合标准溶液。分别取 0.025ml、0.05ml、0.1ml、0.25ml、1.25ml 混合标准溶液到 5ml 的容量瓶中，加水定容，即得含量分别为 0.5μg/ml、1μg/ml、2μg/ml、5μg/ml、25μg/ml 的标准系列溶液。

4. 测定

（1）仪器条件设置：色谱柱为 C18，4.6mm×250mm×5μm，或性能相当；流动相为乙酸铵+甲醇（5+95）；波长为 230nm；流速为 1ml/min；进样量为 10μl。

（2）标准曲线的绘制：按“由低到高”的浓度顺序，用 2.5ml 注射器依次吸取各个浓度梯度的标准溶液至色谱进样瓶中，用高效液相色谱仪进行分析，测得其峰面积。以浓度为横坐标，以峰面积为纵坐标，绘制标准曲线。

（3）样品溶液的检测：用 2.5ml 注射器吸取静置分层后的样品溶液有机层 1～2ml，经过 0.45μm 有机过滤膜过滤至色谱进样瓶中，用气相色谱仪进行分析，测得其峰面积后，根据标准曲线查得相应含量。

（五）计算

待测组分含量计算公式如下：

$$X=\frac{c\times V\times 1000}{m\times 1000\times 1000}$$

式中：X-样品中待测组分含量（g/kg）；c-由标准曲线得出的样液中待测物的浓度（μg/ml）；V-样品定容体积（ml）；m-样品质量（g）；1000-换算因子。

计算结果保留两位有效数字。

在重复性条件下获得的两次独立测定结果的绝对差值不得超过算数平均值的 10%。

四、原子荧光法测定鱼糜中砷含量

（一）实验目的

掌握原子荧光法测定砷含量的原理和目的；熟悉原子荧光仪的使用方法。

（二）实验原理

食品试样经前处理后，加入硫脲将五价砷预还原为三价砷，再加入硼氢化钾将三价砷还原生成砷化氢，由氩气载入石英原子化器中分解为原子态砷，在特制砷空心阴极灯的发射光激发下产生原子荧光，其荧光强度在固定条件下与被测液中的砷浓度成正比，与标准系列比较定量。

（三）仪器和试剂

1. 仪器　原子荧光分光光度计（图 2-3-4）、数控数显电热板（可调至 285℃）、分析天平（感量 0.0001g）、移液枪（100～1000μl）、锥形瓶（50ml）、比色管（25ml）、漏斗（40mm）（图 2-3-4）。

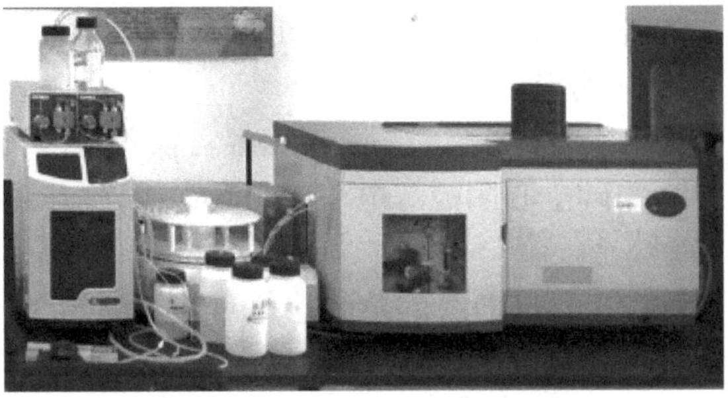

图 2-3-4　原子荧光分光光度计

2. 试剂　除非另有规定，本方法所使用试剂均为分析纯，水为《分析实验室用水规格和试验方法》（GB/T 6682—2008）规定的一级水。

（1）硝酸（优级纯）。

（2）高氯酸（优级纯）。

（3）5%硝酸：取 5ml 硝酸慢慢加入到 100ml 水中。

（4）混合酸：硝酸+高氯酸（4+1），取 4 份硝酸与 1 份高氯酸混合。

（5）50g/L 硫脲溶液：称取 50g 硫脲，溶于水中，加水稀释至 1000ml，混匀。

（6）氢氧化钾（5g/L）：称取 5.0g 氢氧化钾，溶于水中，加水稀释至 1000ml，混匀。

（7）硼氢化钾（20g/L）：称取 20.0g 硼氢化钾，溶于 1000ml 5g/L 的氢氧化钾溶液中，混匀。

（8）砷的标准储备液：1000μg/ml。

（9）砷的标准中间液：取 100μl 砷的标准储备液于 100ml 容量瓶中，用 5%硝酸定容至刻度，相当于每毫升溶液含砷 1μg。

（10）过氧化氢（优级纯）。

（四）实验步骤

1. 标识　对样品进行正确编号。

2. 样品处理

（1）样品准备：鱼糜经均质后，储存于样品袋中，保存备用。

（2）样品溶液的制备：样品消解（湿法消解）

1）称样消解：用分析天平称取试样 1g（精确到 0.001g）于 50ml 锥形瓶中，加 15～18ml 混合酸，放置过夜，加放 1 个小漏斗于电热板上消解，若变棕黑色，再加混合酸，直至冒白烟，消化液呈无色透明或略带黄色，冷却。

2）赶酸：加入少量超纯水并小心冲洗小漏斗进行赶酸，等到再次冒白烟时加入少量超纯水再次进行赶酸（2 次加水量在 20ml 左右），最后再次冒白烟时取下锥形瓶，冷却。

3）定容：将试样消化液洗入或过滤入（若有盐分晶体析出则需要过滤）25ml 比色管

中，用水少量多次洗涤锥形瓶，洗液合并于比色管中，往比色管中加入硫脲溶液 2.5ml，用水定容至刻度，混匀备用。

4）空白试剂：加入 15ml 混合酸，放到电热板上消解，直至冒白烟，进行上述赶酸操作，再进行上述定容操作。

3. 砷标准溶液制备　取 6 支 25ml 的具塞比色管，在各支比色管中加入少量 5%硝酸，然后用移液枪分别移取 0ml、0.1ml、0.25ml、0.5ml、0.75ml、1.0ml 砷的标准中间液于 25ml 比色管中，分别加入 2.5ml 硫脲溶液，用 5%硝酸定容至刻度，放置 30 分钟。各支比色管中的砷的浓度分别为 0ng/ml、4ng/ml、10ng/ml、20ng/ml、30ng/ml、40ng/ml。

4. 测定

（1）仪器条件设置：根据各自仪器性能调至最佳状态。参考条件为光电倍增管负高压：230V；砷空心阴极灯电流：30mA；读数方式：峰面积；读数延迟时间：1.0 秒；读数时间：15 秒。

（2）标准曲线的绘制：仪器开机预热 30 分钟后，按 “由低到高”的浓度顺序，依次吸取各个浓度的砷标准溶液 10μl，注入原子荧光仪中，测得其荧光强度。以浓度为横坐标，以荧光强度为纵坐标，绘制标准曲线的一元线性回归方程，其线性相关值 $r \geqslant 0.995$。

（3）样品溶液的检测：吸取样液 10μl，注入原子荧光仪中，测得其荧光强度，代入标准曲线中求得样品溶液中砷含量。

（4）还原剂的使用：在进标准样及测试样的同时也要进等量的还原剂即硼氢化钠，将砷离子还原成原子态砷，进样量与试样相等。

（五）计算

含量计算公式如下：

$$X = \frac{(c - c_0) \times V \times 1000}{m \times 1000 \times 1000}$$

式中：X-试样中砷含量（mg/kg 或 mg/L）；c-测定样液中砷含量（ng/ml）；c_0-空白液中砷含量（ng/ml）；V-试样消化液定量总体积（ml）；m-试样质量或体积（g 或 ml）。

（六）注意事项

1. 仪器稳定性控制　绘制好标准曲线之后，开始测试样品之前先进 1 个质控样（QC），检查仪器是否稳定，要求测出的浓度要在理论值的±10%以内。若不满足则要重新绘制标准曲线或进行机器维护。

2. 测试样品加标回收率　若发现检出异常样，则可以试样复测。对样品进行复测时，在样品消解前加入等含量或接近含量的标准液进行消解。上机测试，计算其回收率，计算出来的回收值应在 80%～120%范围内。当回收值不在上述范围内时，应进行机器维护及重新称量复测，若仍无法解决问题则应考虑样品外包。

3. 测试空白加标回收率　每天上机测定样品都需要测定空白样的加标回收率，计算出来的数值要在 80%～120%范围内。

4. 标准中间液使用　标准中间液应在冷藏的情况下使用，有效期为 30 天。

五、紫外-可见分光光度法测定啤酒中甲醛含量

（一）实验目的

掌握紫外-可见分光光度法测定啤酒中甲醛含量的原理和方法；熟悉紫外-可见分光光度计的使用方法。

（二）实验原理

在过量乙酸铵的条件下，甲醛与乙酰丙酮和氨离子生成黄色的2，6-二甲基-3，5-二乙酰基-1，4-二氢吡啶化合物，于415nm波长处有最大吸收。在一定浓度范围，其吸光度值与甲醛含量成正比，与标准系列比较定量。

（三）仪器和试剂

1. 仪器　分析天平（感量0.0001g）、紫外-可见分光光度计（图2-3-5）、水蒸气蒸馏装置、蒸馏瓶（500ml）、容量瓶、玻璃移液管、垂熔漏斗、量筒、酸碱滴定管等。

2. 试剂

（1）乙酰丙酮（分析纯）。

（2）乙酸铵（分析纯）。

（3）乙酸（分析纯）。

（4）甲醛（分析纯）。

（5）硫代硫酸钠（分析纯）。

（6）碘（分析纯）。

（7）淀粉（分析纯）。

（8）硫酸（分析纯）。

（9）氢氧化钠（分析纯）。

（10）磷酸（分析纯）。

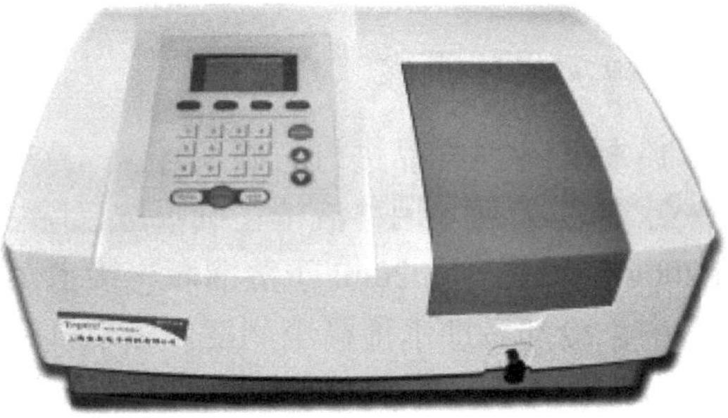

图2-3-5　紫外-可见分光光度计

（11）乙酰丙酮溶液：称取新蒸馏乙酰丙酮0.4g、乙酸铵25g和冰醋酸3ml溶于水中，定容至200ml备用，用时配制。

（12）甲醛（36%～38%）。

（13）硫代硫酸钠标准溶液（0.100mol/L）：称取26g硫代硫酸钠及0.2g碳酸钠，加入适量煮沸过的冷水使之溶解，并稀释至1000ml，混匀，放置1个月后过滤备用。

（14）碘标准溶液（0.1mol/L）：称取13.5g碘，加36g碘化钾、50ml水，溶解后加入3滴盐酸及适量水稀释至1000ml。用垂熔漏斗过滤，置于阴凉处，密闭，避光保存。

（15）淀粉指示剂（5g/L）：称取0.5g可溶性淀粉，加入5ml水，搅匀后缓缓倾入100ml沸水中，随加随搅拌，煮沸2分钟，放冷，备用。此指示剂应临用时现配。

（16）硫酸溶液（1mol/L）：量取30ml浓硫酸，沿杯壁缓缓倾入适量冷水中，同时不断搅拌，冷却至室温后用水稀释至1000ml，摇匀。

（17）氢氧化钠溶液（1mol/L）：量取56ml澄清的氢氧化钠饱和溶液，加适量新煮沸

的冷水至1000ml，摇匀。

（18）磷酸溶液（200g/L）：称取20g磷酸，加水稀释至100ml，混匀。

（19）甲醛标准溶液的配制和标定：量取36%～38%甲醛溶液7.0ml于量筒中，加入1mol/L硫酸溶液0.5ml，用水稀释至250ml，此液为标准溶液。吸取甲醛标准溶液10.0ml于100ml容量瓶中，加水稀释、定容。再吸取10.0ml稀释液于250ml碘量瓶中，加水90ml、0.1mol/L碘溶液20ml和1mol/L氢氧化钠溶液15ml，摇匀，放置15分钟。再加入1mol/L硫酸溶液20ml进行酸化，用0.1000mol/L硫代硫酸钠标准溶液滴定至溶液呈淡黄色，然后加约5g/L淀粉指示剂1ml，继续滴定至蓝色褪去即为终点。同时做试剂空白试验。

甲醛标准溶液的浓度计算公式如下：

$$X_1=(V_1-V_2)\times c_1\times 15$$

式中：X_1-甲醛标准溶液的浓度（mg/ml）；V_1-空白试验所消耗的硫代硫酸钠标准溶液的体积（ml）；V_2-滴定甲醛溶液所消耗的硫代硫酸钠标准溶液的体积（ml）；c_1-硫代硫酸钠标准溶液的浓度（mol/L）；15-与1.000mol/L硫代硫酸钠标准溶液1.0ml相当的甲醛的质量（mg）。

将已经过浓度标定的甲醛溶液，用水配制成浓度为1μg/ml的甲醛标准溶液。

（四）实验步骤

1. 标识　对样品进行正确编号。

2. 样品处理　用移液枪正确吸取已除去二氧化碳的啤酒25ml，移入500ml蒸馏瓶中，加200g/L磷酸溶液20ml于蒸馏瓶，接水蒸气蒸馏装置进行蒸馏，收集馏出液于100ml容量瓶中，冷却后加水稀释至刻度。吸取样品馏出液10ml移入比色管中，加入乙酰丙酮溶液2ml，摇匀后在沸水浴中加热10分钟，冷却至室温。

3. 甲醛标准溶液的制备　吸取样品馏出液10ml移入比色管中，加入乙酰丙酮溶液2ml，摇匀后在沸水浴中加热10分钟，冷却至室温。准确吸取1μg/ml的甲醛标准溶液各0ml、0.50ml、1.00ml、2.00ml、3.00ml、4.00ml、8.00ml于25ml比色管中，加水至10ml，再加入乙酰丙酮溶液2ml，摇匀后在沸水浴中加热10分钟，冷却至室温。

4. 测定

（1）仪器条件设置：将紫外可见分光光度计设定为波长415nm。

（2）标准曲线的绘制：按“由低到高”的浓度顺序，依次将各个浓度梯度的甲醛标准溶液倒入比色皿，放入紫外可见分光光度仪中，测得其吸光度。以浓度为横坐标，以吸光度为纵坐标，绘制标准曲线的一元线性回归方程，其线性相关值$r\geqslant 0.995$。

（3）样品溶液的检测：将样品溶液倒入比色皿，放入紫外可见分光光度仪中，测得其吸光度，代入标准曲线中求得样品溶液中砷含量。

（五）计算

试样中甲醛的含量的计算公式如下：

$$X=\frac{m}{V}$$

式中：X-试样中甲醛的含量（mg/L）；m-从标准曲线上查出的相当的甲醛的质量（μg）；V-测定样液中相当的试样的体积（ml）。

计算结果保留两位有效数字。

在重复条件下获得的两次独立测试结果，绝对差值不得超过算术平均值的10%。

六、吸附管采样-热脱附/气相色谱-质谱法对环境空气中挥发性有机物的定性测试

（一）实验目的

掌握吸附管采样-热脱附/气相色谱-质谱法对环境空气中挥发性有机物的定性测试的原理和方法；熟悉吸附管采样-热脱附/气相色谱-质谱仪的使用方法。

（二）实验原理

采用固体吸附剂富集环境空气中挥发性有机物，将吸附管置于热脱附仪中，经气相色谱分离后，用质谱仪进行检测。通过待测目标物标准质谱图和保留时间进行定性。

（三）仪器和试剂

1. 仪器

（1）气相色谱-质谱联用仪（图2-3-6）。

（2）质谱仪：配电子轰击（EI）电离源（图2-3-6）。

（3）毛细管柱：30m×0.25mm，1.4μm膜厚（6%腈丙基苯基-94%二甲基聚硅氧烷固定液），也可使用其他等效的毛细管柱。

（4）热脱附装置：脱附装置应具有二级脱附功能，聚焦管部分应能迅速加热（至少40℃/s）。热脱附装置与气相色谱仪相连部分和仪器内气体管路均应使用硅烷化不锈钢管，并能在50～150℃范围内均匀加热。

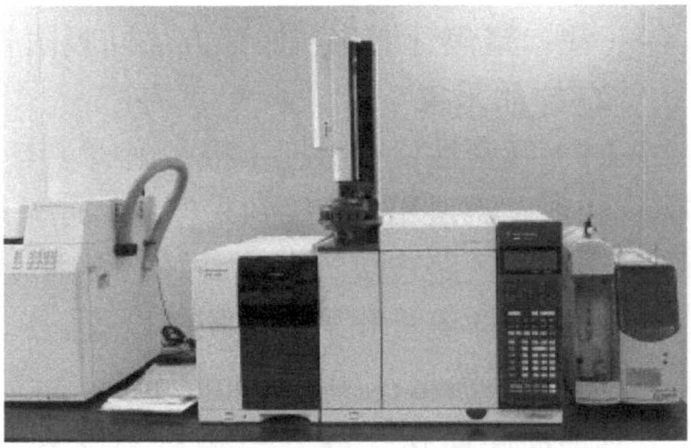

图2-3-6　气相色谱-质谱联用仪

（5）老化装置：该装置的最高温度应达到400℃以上，最大载气流量至少能达到100ml/min，流量可调。

（6）采样器：双通道无油采样泵，双通道能独立调节流量并能于10～500ml/min范围内精确保持流量，流量误差应在±5%内。

（7）校准流量计：能于10～500ml/min范围内精确测定流量，流量精度2%。宜采用电子质量流量计。

（8）微量注射器：5.0μl、25.0μl、50.0μl、100.0μl、250.0μl 和 500.0μl。

（9）一般实验室常用仪器和设备。

2. 试剂

（1）甲醇（分析纯）。

（2）标准储备溶液：ρ =2000mg/L，市售有证标准溶液。

（3）4-溴氟苯（BFB）溶液：ρ=25mg/L，市售有证标准溶液，或用高浓度标准溶液配制。

（4）吸附剂：Carbopack C（比表面积 $10m^2/g$），40/60 目；Carbopack B（比表面积 $100m^2/g$），40/60 目；Carboxen 1000（比表面积 $800m^2/g$），45/60 目；或其他等效吸附剂。

（5）吸附管：不锈钢或玻璃材质，内径 6mm，内填装 Carbopack C、Carbopack B、Carboxen 1000，长度分别为 13mm、25mm、13mm。或使用其他具有相同功能的产品。

（6）聚焦管：不锈钢或玻璃材质，内径不大于 0.9mm，内填装吸附剂种类及长度与吸附管相同。或使用其他具有相同功能的产品。

3. 载气　氦气（纯度 99.999%）。

（四）实验步骤

1. 标识　对样品进行正确编号。

2. 吸附管的老化和保存

（1）新购的吸附管或采集高浓度样品后的吸附管需进行老化。在温度 350℃，流量 40ml/min 的条件下，进行 10～15 分钟老化。

（2）吸附管老化后，立即密封两端或放入专用的套管内，外面包裹 1 层铝箔纸。包裹好的吸附管置于装有活性炭或活性炭硅胶混合物的干燥器内，并将干燥器放在无有机试剂的冰箱中，4℃保存，可保存 7 天。

（注：聚焦管老化和保存方法同吸附管。）

2. 样品采集

（1）气密性检查：把 1 根吸附管（与采样所用吸附管同规格，此吸附管只用于气密性检查和预设流量用）连接到采样泵，打开采样泵，堵住吸附管进气端，若流量计流量归零，则采样装置气路连接气密性良好，否则应检查气路气密性。

（2）采样流量和采样体积的设置

1）采样流量：10～200ml/min。

2）采样体积：2L。当相对湿度大于 90%时，应减小采样体积，但最少不应小于 300ml。

（2）样品的采集和保存

1）样品采集：取下吸附管，将 1 根新吸附管连接到采样泵上，按吸附管上标明的气流方向进行采样。在采集样品过程中要注意随时检查调整采样流量，保持流量恒定。采样结束后，记录采样点位、时间、环境温度、大气压、流量和吸附管编号等信息。

2）吸附管密封及包裹：样品采集完成后，应迅速取下吸附管，密封吸附管两端或将吸附管放入专用的套管内，外面包裹 1 层铝箔纸，带到实验室进行分析。

3）候补吸附管的采集：在吸附管后串联1根老化好的吸附管。每批样品应至少采集1根候补吸附管，用于监视采样是否穿透。

4）现场空白样品的采集：将吸附管运输到采样现场，打开密封帽或从专用套管中取出，不接采样器于大气中放置一段时间（时间与采样时间一致），后立即密封吸附管两端或放入专用的套管内，外面包裹1层铝箔纸。同已采集样品的吸附管一同存放并带回实验室分析。每次采集样品，都应至少带1个现场空白样品。

3. 仪器测定

（1）仪器条件设置

1）热脱附仪参考条件：传输线温度为130℃；吸附管初始温度为35℃；聚焦管初始温度为35℃；吸附管脱附温度为325℃；吸附管脱附时间为3分钟；聚焦管脱附温度为325℃；聚焦管脱附时间为5分钟；一级脱附流量为40ml/min；聚焦管老化温度为350℃；干吹流量为40 ml/min；干吹时间为2分钟。

2）气相色谱仪参考条件：进样口温度为200℃；载气为氦气；分流比为5∶1；柱流量（恒流模式）为1.2ml/min；升温程序：初始温度30℃，保持3.2分钟，以11℃/min升温到200℃保持3分钟。

3）质谱参考条件：扫描方式为全扫描；扫描范围为35～270amu；离子化能量为70eV；接口温度为280℃。其余参数参照仪器使用说明书进行设定。

（2）仪器性能检查：用微量注射器移取1.0μl 4-溴氟苯（BFB）溶液，直接注入气相色谱仪进行分析，用四级杆质谱得到的BFB关键离子丰度应符合表2-3-5中规定的标准，否则需对质谱仪的参数进行调整或者考虑清洗离子源。

表2-3-5　BFB关键离子丰度标准

质量	离子丰度标准	质量	离子丰度标准
50	质量95的8%～40%	174	大于质量95的50%
75	质量95的30%～80%	175	质量174的5%～9%
95	基峰：100%相对丰度	176	质量174的93%～101%
96	质量95的5%～9%	177	质量176的5%～9%
173	小于质量174的2%	-	-

（3）标准色谱图：目标物参考色谱图见图2-3-7。

（4）样品的测定：将采完样的吸附管放入热脱附仪中，按照仪器参考条件进行热脱附，载气流经吸附管的方向应与采样时气体进入吸附管的方向相反。样品中目标物随脱附气进入色谱柱进行测定。分析完成后，取下吸附管进行老化（样品浓度较高时）和保存。

（5）空白试验：按与样品测定相同步骤分析现场空白样品。

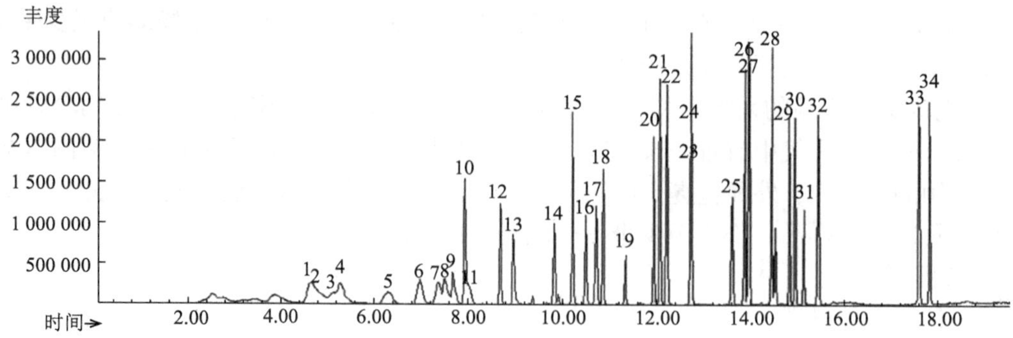

图 2-3-7　目标物总离子流图谱

1—1, 1-二氯乙烯；2—1, 1, 2-三氯-1, 2, 2-三氟乙烷；3—氯丙烯；4—二氯甲烷；5—1, 1-二氯乙烷；6—反式-1, 2-二氯乙烯；7—三氯甲烷；8—1, 2-二氯乙烷；9—1, 1, 1-三氯乙烷；10—四氯甲烷；11—苯；12—三氯乙烯；13—1, 2-二氯丙烷；14—反式-1, 3-二氯丙烯；15—甲苯；16—顺式-1, 3-二氯丙烯；17—1, 1, 2-三氯乙烷；18—四氯乙烯；19—1, 2-二溴乙烷；20—氯苯；21—乙苯；22—间，对-二甲苯；23—邻-二甲苯；24—苯乙烯；25—1, 1, 2, 2-四氯乙烷；26—4-乙基甲苯；27—1, 3, 5-三甲基；28—1, 2, 4-三甲基苯；29—1, 3-二氯苯；30—1, 4 二氯苯；31—苄基氯；32—1, 2-二氯苯；33—1, 2, 4-三氯苯；34—六氯丁二烯

（五）结果

以保留时间和质谱图比较进行定性分析。

（六）注意事项

吸附管中残留的挥发性有机物（VOCs）对测定的干扰较大，应严格执行老化和保存程序，使干扰降到最低。

（陈海玲　余艳明　洪妍妍　李厚标）

附表一　实训任务考核表

一　常见器皿清洗与保存考核表

受训人员：	班级：	学号：	成绩：
考评人员：	考评时间：		

序号	作业项目	考核内容	配分	操作要求	考核记录	得分说明	得分
一	常见洗涤液的配制和适用范围	铬酸洗涤液（100g/L）配制	2	称取化学纯重铬酸钾 100g 于烧杯中		正确识别各级别试剂得 1 分；天平使用正确得 1 分	
			2	加入 100ml 水，微加热，使其溶解		正确进行加热操作得 1 分；溶解动作正确得 1 分	
			2	把烧杯冷却		正确选择冷却方式得 2 分	
			4	沿杯壁慢慢加入化学纯浓硫酸，边加边用玻璃棒搅动，防止硫酸溅出，开始会有沉淀析出，硫酸加到一定量时，沉淀又可溶解，加硫酸至溶液总体积为 1000ml		正确加入硫酸得 2 分；无液体溅出得 2 分	
		氢氧化钾-乙醇洗涤液（100g/L）配制	4	称取 100g 氢氧化钾，用 50ml 水溶解后，加工业乙醇至 1L		称量正确得 4 分	
		酸性草酸或酸性羟胺洗涤液配制	4	称取 10g 草酸或 1g 盐酸羟胺，溶于 100ml 盐酸（1 份浓盐酸+4 份水混合）中		正确配制盐酸溶液得 2 分；称量正确得 2 分	
		20%硝酸洗涤液	4	用量筒量取纯硝酸与蒸馏水按 1∶5 的比例混合		正确配制硝酸溶液得 4 分	
		洗涤液的适用范围	4	口述：铬酸洗涤液适用于洗涤绝大多数污物；氢氧化钾-乙醇洗涤液适用于洗涤油垢和树脂等；酸性草酸或酸性羟胺洗涤液适用于洗涤氧化性物质；20%的硝酸洗涤液主要用于浸泡清洗测定金属离子时的器皿		掌握该知识点即得 4 分	
二	清洗要求	玻璃器皿洁净判断	3	将容器倒转过来，水即顺着器壁流下，器壁上只留下一层既薄又均匀的水膜，且不应有水珠		掌握洁净判断要求得 1 分；实际能判断是否洁净得 2 分	
三	常见玻璃器皿的清洗	一般的玻璃器皿的清洗	2	先用自来水冲洗 1～2 遍除尘		正确按要求操作得 2 分	
			2	若用强酸性氧化剂洗涤时，应将水沥干，以免过多地耗费洗涤液的氧化力		掌握该知识点得 2 分	

续表

序号	作业项目	考核内容	配分	操作要求	考核记录	得分说明	得分
三	常见玻璃器皿的清洗	一般的玻璃器皿的清洗	2	用毛刷蘸取肥皂洗涤液（洗涤剂或去污粉等）仔细刷净内外表面，尤其应注意容器磨砂部分，然后边用水冲边刷洗至无明显泡沫时，用自来水冲洗 3～5 次		正确按要求操作得 2 分	
			2	再用蒸馏水充分冲洗 3～5 次		正确按要求操作得 2 分	
			2	洗涤时应按少量多次的原则用水冲洗，每次充分振荡后倾倒干净		掌握该要求得 2 分	
		能用刷子刷洗的玻璃器皿	2	应尽量用刷子蘸肥皂液进行洗刷，但不能用硬质刷子猛力擦洗容器内壁，以免造成容器内壁毛糙，导致易吸附离子或其他杂质，影响测定结果或者导致难以清洗而造成污染		正确按要求操作得 2 分	
		不便刷洗的玻璃器皿的清洗	2	容量瓶、移液管等准确定量器皿不能用去污粉和毛刷刷洗，以免磨损器壁，使容积发生变化		掌握该要求得 2 分	
			2	纯水盛用器皿则直接以蒸馏水冲洗 3～5 次即可		正确按要求操作得 2 分	
			2	移液管、吸量管等用中性清洁液或稀硝酸溶液浸泡 24 小时后，再用自来水冲洗 3～5 次，最后用蒸馏水冲洗 3～5 次		正确按要求操作得 2 分	
		蒸汽洗涤法	2	使用蒸汽蒸馏装置前，应将整个装置连同接收瓶用热蒸汽处理 5 分钟，以除去装置中的空气和前次实验所遗留的沾污物，从而减少实验误差		掌握该知识点得 2 分	
		有特殊的清洁要求的玻璃器皿	2	用于测定有机物之后的玻璃比色皿，应用有机溶剂洗涤，必要时可用硝酸洗涤液浸洗		掌握该要求得 1 分；会正确清洗得 1 分	
			2	对测定痕量铬的玻璃器皿，不宜用铬酸洗液洗涤，最好以硝酸（1 份浓硝酸+1 份水混合）或等容积的浓硝酸-硫酸混合液来清洗		掌握该要求得 1 分；会正确清洗得 1 分	
			2	测定水中痕量有机物（如有机氯杀虫剂类）时，其玻璃仪器需用铬酸洗液浸泡 15 分钟以上，用自来水冲洗 3 次后，再用蒸馏水冲洗 3～5 次		掌握该要求得 1 分；会正确清洗得 1 分	
四	玻璃器皿的干燥	烘干温度的选择	2	容量瓶、移液管等用于准确计量液体体积的玻璃器皿，烘烤的温度不得高于 70℃		掌握该要求得 1 分；会正确烘干得 1 分	
			2	烧杯、锥形瓶、试管等不用于准确计量液体体积的玻璃器皿通常在 100～160℃的条件下进行干燥		掌握该要求得 1 分；会正确烘干得 1 分	

续表

序号	作业项目	考核内容	配分	操作要求	考核记录	得分说明	得分
五	玻璃器皿的保存	不同器皿的存放要求	4	干净玻璃器皿倒置于专用柜内，关闭柜门，防止落尘		正确按分类储放得 2 分；储放稳妥得 2 分	
			4	干净的滴定管可倒置于滴定管架上，或盛满蒸馏水，上口加套指形管或小烧杯，使用中的滴定管在操作暂停时也应加套指形管，以防灰尘落入		正确放置得 2 分；加套防尘得 2 分	
			4	凡有配套塞（或盖）的玻璃器皿都必须保持原装配套，不得拆散使用和存放		掌握该要求 2 分；按要求操作得 2 分	
六	其他常用器皿的清洗与保存	用于金属分析的器皿	4	先用中性清洁液洗去内部残留物，再用自来水冲洗，置入酸洗涤液（10%～20%硝酸）中浸泡 12 小时左右		掌握该要求得 2 分；正确清洗得 2 分	
			3	将浸泡后的容器从酸中取出，以自来水冲洗 3 次后再以蒸馏水冲洗 3～5 次，倒置于 80℃左右烘箱内烘干（若有刻度或定量容器须放于器皿柜中晾干，必要时于低于 50℃烘箱中烘干）		根据操作情况酌情给分	
		残留有机物的器皿清洗与保存	2	将器皿浸泡在铬酸溶液中 15～20 分钟后以自来水冲洗，以蒸馏水冲洗数次后晾干		根据操作情况酌情给分	
			4	再放于由异丙醇和氢氧化钠组成的有机洗槽中浸泡 3 小时以上		掌握异丙醇和氢氧化钠的安全使用要求得 3 分；会操作得 3 分	
			2	再以蒸馏水冲洗数次后晾干		根据操作情况酌情给分	
		盛放高浓度样品溶液或标准溶液的器皿清洗与保存	2	需先把盛放的溶液倒掉，然后用自来水冲洗 2～3 次，再浸泡于 10%的酸液(标准溶液器皿浸泡于 20%的酸液）中 24 小时以上		正确按要求操作得 2 分	
			2	从浸泡液中取出器皿转移至含有洗洁精的清洗液中进行预清洗，然后用自来水冲洗 2～3 次，再用蒸馏水冲洗至器皿内壁不挂水珠。将器皿转移至器皿架上倒置晾干		根据操作情况酌情给分	
		微波消解罐内罐、盖子及外罐清洗与保存	3	将内罐、外罐及盖子用 10%硝酸洗涤液或肥皂洗涤液浸泡 1 个晚上		了解消解罐的构成得 1 分；按要求操作得 2 分	
			2	用蒸馏水冲洗后，放在 140℃的烘箱中烘 6 小时（内罐及盖子的最大烘烤温度为 180℃，外罐的最大烘烤温度为 150℃）		掌握内罐及盖子的最大烘烤温度为 180℃，外罐的最大烘烤温度为 150℃得 2 分	
			3	完成清洗程序后冷却		掌握该要求得 3 分	

续表

序号	作业项目	考核内容	配分	操作要求	考核记录	得分说明	得分
七	整体印象	知识掌握程度、操作的熟练程度	3	操作熟练		根据操作情况酌情给分：不熟练不得分；基本熟练得 1 分；较为熟练得 2 分；操作娴熟得 3 分	

（余艳明）

二　标准溶液配制保存考核表

（以氢氧化钠标准滴定溶液和盐酸标准滴定溶液的配制及标定为例进行考核）

受训人员：	班级：	学号：	成绩：
考评人员：	考评时间：		

序号	作业项目	考核内容	配分	操作要求	考核记录	得分说明	得分
一	基准试剂称量天平选择	选择和使用天平	10	应选择十万分之一天平精密称取实训要求质量小于等于 0.5g 工作基准试剂		掌握该要求得 4 分；正确使用十万分之一天平得 6 分	
			10	应选择万分之一天平精密称取实训要求质量小于等于 0.5g 工作基准试剂		掌握该要求得 4 分；正确使用万分之一天平得 6 分	
二	氢氧化钠标准溶液的配制与标定	称样	6	称取 110g 氢氧化钠，溶于 100ml 不含二氧化碳的水中，摇匀，注入聚乙烯容器中		正确称量得 2 分；使用不含二氧化碳的水得 2 分；溶解时无溅出得 2 分	
			6	密闭放置至溶液清亮。按所需的浓度，使用前以塑料管量取一定量的上层清液，用不含二氧化碳的水稀释至 1000ml，摇匀		放置溶液清亮得 3 分；移取清液得 3 分	
		标定	5	按规定精密称取一定量在 105～110℃干燥至恒重的基准试剂邻苯二甲酸氢钾，分别加入 80ml 不含二氧化碳的水溶解		正确制备恒重邻苯二甲酸氢钾得 3 分；准确称量基准物质得 2 分	
			5	加 2 滴酚酞指示液（10g/L），用配制好的氢氧化钠溶液滴定至溶液呈粉红色，并保持 30 秒不褪色，同时做空白试验		终点判断正确得 3 分；剩余操作根据情况酌情给分	
		计算	3	记录滴定消耗的标准溶液体积并计算浓度		数据记录正确得 3 分	
三	盐酸标准溶液的配制与标定	配制	2	按所需盐酸浓度定量量取浓盐酸，注入 1000ml 水中，摇匀		正确计算所需浓盐酸量即得分	

续表

序号	作业项目	考核内容	配分	操作要求	考核记录	得分说明	得分
三	盐酸标准溶液的配制与标定	标定	9	基准物质处理：取适量研磨好的无水碳酸钠在瓷坩埚中进行沙浴加热，于270～300℃保持1小时，加热过程中应注意缓慢搅拌，加热完毕，稍冷却后，将碳酸钠转移至干燥好的称量瓶中，在干燥器中冷却后称量		正确制备恒重无水碳酸钠得4分	
				精密称取于270～300℃瓷坩埚中灼烧至恒重的工作基准试剂无水碳酸钠，置于250ml锥形瓶中，加入新煮沸冷却后的蒸馏水50ml，分别加10滴溴甲酚绿-甲基红混合指示剂		准确称量基准物质得5分	
			6	用配制好的盐酸标准溶液滴定至溶液由绿色变为暗红色，煮沸2分钟，冷却后继续滴定至溶液再呈暗红色。同时做空白试验		终点判断正确得3分；剩余根据操作情况酌情给分	
		计算	3	记录滴定消耗的标准溶液体积并计算浓度		数据记录正确得3分	
四	标准溶液储存	储存时间	2	标准溶液在10～30℃下，密封保存时间一般不超过6个月，开封使用过的标准滴定溶液保存时间一般不超过2个月。当溶液出现浑浊、沉淀、颜色变化等现象时，应重新配制		掌握该要求得2分	
		保存容器的选择	2	储存标准溶液的容器，其材料不应与溶液起理化作用，壁厚最薄处不小于0.5mm		掌握该要求得2分	
		试剂标签填写	10	正确填写试剂标签		名称、浓度、配制基体、配制人、有效期限等，每正确填写一项信息得2分	
		储存条件	9	根据标准溶液的特性采用不同的储存条件		考核三种溶液，每对一处得3分	
		记录	5	标准溶液配制后应做好记录		正确记录得5分	
五	注意事项	操作注意事项	1	标准溶液标定时要2人进行，共8个平行滴定		掌握该要求得1分	
			1	在标定和使用标准滴定溶液时，滴定速度一般应保持在6～8ml/min		掌握该要求得1分	
			1	试剂使用时遵守“用多少取多少”原则，用剩的试剂不准再倒回原瓶中		掌握该要求得1分	
			1	制备标准滴定溶液的浓度值应在规定浓度值的±5%范围		掌握该要求得1分	

续表

序号	作业项目	考核内容	配分	操作要求	考核记录	得分说明	得分
六	整体印象	知识掌握程度、操作的熟练程度	3	操作熟练		根据操作情况酌情给分：不熟练不得分；基本熟练得 1 分；较为熟练得 2 分；操作娴熟得 3 分	

（庄春红）

三　接单考核表

受训人员：		班级：		学号：		成绩：	
考评人员：			考评时间：				
序号	作业项目	考核内容	配分	操作要求	考核记录	得分说明	得分
一	识别客户需求	客户需求	4	在接收客户委托检测时，应识别客户的检测及服务需求，准确了解客户需要的检测服务，为合同评审提供帮助		掌握该要求得 4 分	
二	合同签署	签署合同	4	实验室应编制或修订相应检测申请单。应采用适当的编号规则对不同检测类别的申请单归类受控，应确保其为最新有效版本		掌握该要求得 4 分	
三	合同评审方法	技术要素评审	8	熟悉检测依据评审，且掌握评审方法		熟悉各项要求得 4 分，熟悉且能实施评审得 8 分	
			8	熟悉检测方法评审，且掌握评审方法		熟悉各项要求得 4 分，熟悉且能实施评审得 8 分	
			8	熟悉检测项目评审，且掌握评审方法		熟悉各项要求得 4 分，熟悉且能实施评审得 8 分	
			8	熟悉样品相关要求评审，且掌握评审方法		熟悉各项要求得 4 分，熟悉且能实施评审得 8 分	
			8	熟悉安全和环保评审，且掌握评审方法		熟悉各项要求得 4 分，熟悉且能实施评审得 8 分	
			8	熟悉结果要求评审，且掌握评审方法		熟悉各项要求得 4 分，熟悉且能实施评审得 8 分	
			8	熟悉分包项目评审，且掌握评审方法		熟悉各项要求得 4 分，熟悉且能实施评审得 8 分	
			8	熟悉实验室能力评审，且掌握评审方法		熟悉各项要求得 4 分，熟悉且能实施评审得 8 分	
		商务要素评审	6	熟悉周期要求，并掌握查询方法		熟悉并掌握查询方法得 6 分	
			6	熟悉测试费用，并掌握查询方法		熟悉并掌握查询方法得 6 分	
			6	熟悉法律责任，并掌握查询方法		熟悉并掌握查询方法得 6 分	

续表

序号	作业项目	考核内容	配分	操作要求	考核记录	得分说明	得分
二	合同评审记录	记录控制	7	保存的记录应包括检测申请单、检测分包申请表、测试修改申请通知单等		熟悉需要保存的各项记录得3.5分；熟悉并能完整实施有效保管得7分	
三	整体印象	知识掌握程度、操作的熟练程度	3	操作熟练		根据操作情况酌情给分：不熟练不得分；基本熟练得1分；较为熟练得2分；操作娴熟得3分	

（陈志华）

四　食品样品制备与保存考核表

受训人员：	班级：	学号：	成绩：
考评人员：	考评时间：		

序号	作业项目	考核内容	配分	操作要求	考核记录	得分说明	得分
一	样品制备	一般样品制备要求	2	样品制备应在独立区域进行，使用洁净的制样工具		掌握该要求即得分	
			2	制成样品应盛装在洁净的塑料袋或惰性容器中，立即闭口，加贴样品标识		掌握该要求即得分	
			2	对于重金属测试时应注意元素的污染（如测定铁元素时不用铁匙称样；测定钙元素不用瓷坩埚盛装；测定铝元素尽量避免使用含铝量高的器具）		掌握该要求得1分；能合理避免得1分	
			3	进行微生物检验的样品，必须根据微生物学的要求，按照无菌操作规程进行制备		掌握该要求得3分	
二	化学检测项目样品制备	固体样品制备要求	4	取待测食品样品的可食部分进行切细、粉碎、捣碎和研磨等操作，制成均匀可检状态。制样过程中不能用手直接接触样品		正确取用可食用部分得2分；剩余根据操作情况酌情给分	
			2	可根据样品本身软硬程度选择不同的粉碎工具		根据操作情况酌情给分	
			2	各种器具应尽量选用惰性材料，如不锈钢、合金材料、玻璃、陶瓷、聚四氟乙烯塑料等		根据操作情况酌情给分	
			2	对于要求严格的项目，如水分检测，制样过程中应避免引入外在水分，以免对结果造成误差		掌握各个项目对于制样的要求得2分；正确避免引入误差得2分	

续表

序号	作业项目	考核内容	配分	操作要求	考核记录	得分说明	得分
二	化学检测项目样品制备	液体、浆体或悬浮体样品制备要求	2	通过倒转、搅拌等方式彻底混合所有的液体样品，直至混合均匀，但要避免起泡，混合均匀后立即采样		根据操作情况酌情给分	
			2	固体油脂应加热熔化后再混匀		根据操作情况酌情给分	
		罐头样品制备要求	2	样品均需取可食用部分进行制样		掌握该要求得 2 分	
			4	水果罐头在捣碎前必须清除果核；肉禽罐头、鱼罐头应预先清除骨头，若罐头中含有调味品（葱、辣椒及其他），要将调味品分离后再捣碎		掌握要求得 2 分；会采用合适方法剔除不可食用部分得 2 分	
			4	罐头中的固形物和液体需按比例进行取样制备		掌握该要求得 2 分；会采用合适方法按比例制样得 2 分	
		生鲜样品制备要求	4	对于含水量较高的生鲜样品，应去除样品中不可食用部分，擦干表面附着的水分，取不同部位的样品进行均匀化处理		掌握该要求得 2 分；剩余根据操作情况酌情给分	
三	微生物检测项目样品制备要求	固体样品	5	取样前对外包装进行消毒，消毒后取样检测。对于大而软的样品消毒开封后需在无菌操作下剪碎，再取样检测；对于大而硬的样品应在开封前隔着袋子对样品进行粉碎，然后对外包装进行消毒后取样。所有样品取样过程应保证无菌操作		掌握正确的无菌操作要求得 5 分	
		液体、浆液或悬浮液体	2	取样前将样品充分摇匀，然后再对外包装进行消毒后取样		掌握该要求得 2 分	
		罐头样品制备要求	3	一般是商业无菌检测。将样品放入 36℃培养箱培养，培养结束后按无菌操作进行开罐、pH 检测和感官检查		掌握正确的无菌操作要求得 3 分	
		生鲜样品制备要求	5	对外包装进行消毒后取样检测。对于大而软的样品消毒开封后需在无菌操作下剪碎后取样检测；对于大而硬的样品应在开封前隔着袋子对样品进行粉碎，然后对外包装进行消毒后取样。所有样品取样过程应保证无菌操作		掌握正确的无菌操作要求得 5 分	
四	特殊样品的制备	含二氧化碳试样的预处理	5	至少取 200g 样品于 500ml 烧杯中，再将烧杯置于电炉上，边搅拌边加热至微沸，保持 2 分钟		掌握该处理方法得 2 分；正确操作得 3 分	
		补充质量与保存	5	称量，用煮沸过的水补充至煮沸前的质量，置于密闭玻璃容器内		知道该处理方法得 2 分；正确操作得 3 分	

续表

<table>
<tr><th>序号</th><th>作业项目</th><th>考核内容</th><th>配分</th><th>操作要求</th><th>考核记录</th><th>得分说明</th><th>得分</th></tr>
<tr><td rowspan="4">四</td><td rowspan="4">特殊样品的制备</td><td rowspan="2">不损失乙醇的前提下，除去二氧化碳的试样预处理</td><td>5</td><td>振摇法除气：将恒温至 15～20℃的酒样约 300ml 倒入 1000ml 锥形瓶中，盖塞（橡皮塞），在恒温室内轻轻摇动、开塞放气（开始有“砰砰”声）、盖塞。反复操作，直至无气体逸出为止。用单层中速干滤纸（漏斗上面盖表面皿）过滤</td><td></td><td>根据操作情况酌情给分</td><td></td></tr>
<tr><td>4</td><td>超声（或磁力搅拌法）除气：将恒温至 15～20℃的酒样约 300ml 移入带排气塞的瓶中，置于超声波水槽中（或搅拌器上），超声（或搅拌）一定时间后，用单层中速干滤纸（漏斗上面盖表面皿）过滤。将除气后的酒样收集于具塞锥形瓶中，温度保持在 15～20℃，密封保存，并在 2 小时内使用。</td><td></td><td>根据操作情况酌情给分</td><td></td></tr>
<tr><td>挥发性盐基氮样品预处理</td><td>2</td><td>将试样除去脂肪、骨、膜和筋后，绞碎搅匀，再称取</td><td></td><td>会正确操作得 4 分</td><td></td></tr>
<tr><td>重金属样品预处理</td><td>3</td><td>测试重金属时，铁元素不用铁匙取样，钙元素不用瓷坩埚盛装，铝元素尽量避免使用含铝量高的器具</td><td></td><td>根据操作情况酌情给分</td><td></td></tr>
<tr><td rowspan="4">五</td><td rowspan="4">保存方法</td><td>新制备样品保存</td><td>2</td><td>样品制备完成后应盛装在洁净的塑料袋或惰性容器中，立即闭口，加贴样品标识，将样品置于规定温度环境中保存</td><td></td><td>掌握该要求得 2 分</td><td></td></tr>
<tr><td>不能马上分析的样品保存</td><td>2</td><td>样品制备完成后应于当天分析，以防止其中水分或挥发性物质的散失及待测组分含量的变化。如不能马上分析则应装在洁净密封的容器内，妥善保存</td><td></td><td>掌握该要求得 2 分</td><td></td></tr>
<tr><td>容易失去水分药品保存</td><td>2</td><td>容易失去水分的样品应先测定水分，不能使样品出现受潮、挥发、风干或变质等现象，以保证测定结果的准确性</td><td></td><td>掌握该要求得 2 分</td><td></td></tr>
<tr><td>容易腐败变质样品保存</td><td>2</td><td>容易腐败变质的样品可根据使用时需要和测定需要，对保存方法做具体选择（冷藏、干藏、罐藏）</td><td></td><td>掌握该要求得 2 分</td><td></td></tr>
<tr><td rowspan="3">六</td><td rowspan="3">注意事项</td><td rowspan="2">样品保留时间</td><td>2</td><td>样品在检验结束后应保留 1 个月</td><td></td><td>掌握该要求得 2 分</td><td></td></tr>
<tr><td>6</td><td>保留样品加封存入适当的地方，并尽可能保持原状</td><td></td><td>保存环境条件合理得 3 分；
保存方式妥当得 3 分</td><td></td></tr>
<tr><td>记录</td><td>5</td><td>取用样品时应在样品取样表中登记</td><td></td><td>记录正确得 5 分</td><td></td></tr>
</table>

续表

序号	作业项目	考核内容	配分	操作要求	考核记录	得分说明	得分
七	整体印象	知识掌握程度、操作的熟练程度	3	操作熟练		根据操作情况酌情给分：不熟练不得分；基本熟练得1分；较为熟练得2分；操作娴熟得3分	

（陈海玲）

五　称量考核表

受训人员：	班级：	学号：	成绩：
考评人员：	考评时间：		

序号	作业项目	考核内容	配分	操作要求	考核记录	得分说明	得分
一	称量前准备工作	调节水平	3	用清洁毛刷将天平托盘及其周围清扫干净		正确清扫天平得3分	
			4	检查天平并调整天平至水平位置		检查天平并调整天平得4分	
			4	将水泡调至完全处于圆圈的范围内		将气泡调至圆圈内得4分	
		预热	2	口述：在恒定的室温下（20℃）		口述正确得2分	
			2	通电预热30分钟		通电预热得2分	
		校准	2	校准砝码应隔着称量纸，不可用手直接接触		隔着滤纸拿砝码得2分	
			2	校准砝码应轻拿轻放		轻拿轻放得2分	
二	称量	取样器的选择	2	液体样品应选择塑料吸管来取样		选择正确得2分	
			2	固体样品应用药匙取样		选择正确得2分	
		取样器的选择	3	固液共存的样品在取样前应充分摇匀		按实验要求操作得3分	
			3	测试铁、铝等元素时，应避免使用铁质或铝质药匙		掌握该要求得3分	
		直接称量法	2	用于称量洁净、干燥的不易潮解或升华的固体试样		掌握该要求得2分	
			2	接通分析天平电源，轻按“去皮”键，待电子称量系统自检结束		按实验要求操作得2分	
			2	转移适量待测样品，轻轻关上天平侧门，待显示器显示稳定的数值后，记录数值，即为被称物的质量		按实验要求操作得2分	
		固定质量称量法	2	用于称取不易吸水、在空气中能够稳定存在的固体试样		掌握该要求得2分	
			4	先按直接称量法称取盛放试样的空容器质量，待读数稳定后，不需记录称量数据		按实验要求操作得4分	

续表

序号	作业项目	考核内容	配分	操作要求	考核记录	得分说明	得分
二	称量	固定质量称量法	2	轻按“去皮”键，稳定后用药匙将试样慢慢加入容器中		按实验要求操作得 2 分	
			2	直至天平读数与所需的质量要求基本一致		按操作情况酌情给分	
		递减称量法（亦称减重称量法）	2	用于称取易吸水、易氧化或易与 CO_2 反应的试样。称出试样的质量不要求固定的数值，只需要在要求的称量范围内即可		掌握该要求得 2 分	
			2	适量的试样装入干燥、洁净的称量瓶中，将洁净的小纸条套在称量瓶上，将称量瓶放在天平秤盘上称其质量，轻按“去皮”键，显示器的读数清零		按实验要求操作得 2 分	
			2	取出称量瓶，于盛放试样容器的上方取下瓶盖，将称量瓶倾斜，用瓶盖轻敲瓶口，使试样缓缓落入容器中		按实验要求操作得 2 分	
			4	当接近所需要的重量时，用瓶盖轻敲瓶口，使粘在瓶口的试样落下，同时将称量瓶慢慢直立，盖好瓶盖，将称量瓶放在天平秤盘上称重，重复上述操作，直至显示器显示的数值在要求的范围内，记录数值。同法可连续称出多份试样		按实验要求操作得 4 分	
三	称量要求	称量的准确度	12	在目标值有效位数末位±1 以内		称样量超出该目标值的 1 个单位范围，扣 2 分，扣完为止	
		称量的速度	6	30 秒内完成		超出称量时间不得分	
		称量物洒落	5	操作时不得剧烈颤抖		按操作情况酌情给分	
			5	称量物不得洒落		按实验要求操作得 5 分	
四	关机	天平、烧杯复位	3	称量结束，按“开关”键，关闭显示器，天平处于待机状态		按实验要求操作得 3 分	
			3	放入 1 个装有干燥变色硅胶的小烧杯		按实验要求操作得 3 分	
		记录	4	称完试样后做好天平使用情况记录		记录正确得 4 分	
		清扫天平	4	保持天平及桌面整洁		按实验要求操作得 4 分	
五	整体印象	知识掌握程度、操作的熟练程度	3	操作熟练		根据操作情况酌情给分：不熟练不得分；基本熟练得 1 分；较为熟练得 2 分；操作娴熟得 3 分	

（庄春红）

六　恒重考核表

<table>
<tr><td colspan="3">受训人员：</td><td colspan="2">班级：</td><td colspan="2">学号：</td><td colspan="2" rowspan="2">成绩：</td></tr>
<tr><td colspan="4">考评人员：</td><td colspan="3">考评时间：</td></tr>
<tr><td>序号</td><td>作业项目</td><td>考核内容</td><td>配分</td><td>操作要求</td><td>考核记录</td><td>得分说明</td><td>得分</td></tr>
<tr><td rowspan="3">一</td><td rowspan="3">恒重判断标准</td><td>水分恒重</td><td>4</td><td>前后两次干燥后称重，质量差不超过 2mg</td><td></td><td>掌握该判断准则即得分</td><td></td></tr>
<tr><td>脂肪恒重</td><td>4</td><td>前后两次干燥后称重，质量差不超过 2mg</td><td></td><td>掌握该判断准则即得分</td><td></td></tr>
<tr><td>灰分恒重</td><td>4</td><td>前后两次干燥后称重，质量差不超过 0.5mg</td><td></td><td>掌握该判断准则即得分</td><td></td></tr>
<tr><td rowspan="3">二</td><td rowspan="3">恒重设备的选择</td><td>水分恒重</td><td>5</td><td>电热干燥箱或真空电热干燥箱</td><td></td><td>正确选择恒重设备即得 5 分</td><td></td></tr>
<tr><td>脂肪恒重</td><td>5</td><td>电热干燥箱</td><td></td><td>正确选择恒重设备即得 5 分</td><td></td></tr>
<tr><td>灰分恒重</td><td>5</td><td>马弗炉</td><td></td><td>正确选择恒重设备即得 5 分</td><td></td></tr>
<tr><td rowspan="11">三</td><td rowspan="11">恒重设备的使用</td><td rowspan="4">真空电热干燥箱的使用</td><td>5</td><td>将需真空干燥处理的物品放入干燥箱内，关好箱门，关闭回气阀，开启真空阀</td><td></td><td>根据操作情况酌情予以给分</td><td></td></tr>
<tr><td>5</td><td>将真空泵与干燥箱紧密连接后，接通真空泵电源进行抽真空</td><td></td><td>熟悉真空箱结构得 2 分；会检查得 1 分</td><td></td></tr>
<tr><td>5</td><td>当真空表指数达到所需真空度时，依次关闭真空阀、真空泵和真空泵电源开关</td><td></td><td>正确选择合适的真空度得 2 分；剩余根据操作情况酌情给分</td><td></td></tr>
<tr><td>8</td><td>打开干燥箱电源开关，设定所需温度和时间，进行干燥</td><td></td><td>正确选择合适的温度得 2 分；剩余根据操作情况酌情给分</td><td></td></tr>
<tr><td rowspan="3">电热干燥箱的使用</td><td>5</td><td>将需干燥处理的物品放入干燥箱内后，关好箱门</td><td></td><td>正确放置物品得 2 分；最大可能避免物品污染得 3 分</td><td></td></tr>
<tr><td>5</td><td>打开电源开关，设定所需温度后即可进行干燥</td><td></td><td>正确设定温度得 3 分</td><td></td></tr>
<tr><td>5</td><td>干燥结束后，关闭电源开关，戴隔热手套取出物品</td><td></td><td>根据操作情况酌情给分</td><td></td></tr>
<tr><td rowspan="3">马弗炉</td><td>3</td><td>样品放入炉箱内，关闭箱门</td><td></td><td>正确选择样品放置位置得 2 分；不易受到污染得 1 分</td><td></td></tr>
<tr><td>3</td><td>打开电源开关，设定所需工作温度和时间，进行烘干</td><td></td><td>掌握需要设置的温度得 2 分；能够正确使用校准因子得 1 分</td><td></td></tr>
<tr><td>8</td><td>样品烘好后，应打开箱门使其温度降低，然后用夹子夹出样品</td><td></td><td>根据操作情况酌情给分</td><td></td></tr>
<tr><td>干燥器</td><td>5</td><td>检查干燥器内的干燥剂是否受潮变色，若变色应将干燥剂放到烘箱中烘干，检查干燥器口是否涂有凡士林</td><td></td><td>掌握干燥剂检查准则得 2 分；会烘干干燥剂得 3 分</td><td></td></tr>
</table>

续表

序号	作业项目	考核内容	配分	操作要求	考核记录	得分说明	得分
三	恒重设备的使用	干燥器	3	沿水平方向推开干燥器盖，将物品放入干燥器内冷却，放好物品后，将干燥器盖从边缘向内部水平推入		根据操作情况酌情给分	
		记录	10	设备使用结束后能将设备清洁归位，并将结果记录于相应的表格中		有设备清洁归位操作得5分；记录得5分	
四	整体印象	知识掌握程度、操作的熟练程度	3	操作熟练		根据操作情况酌情给分：不熟练不得分；基本熟练得1分；较为熟练得2分；操作娴熟得3分	

（洪妍妍）

七　消解考核表

（以食品中铅含量测定为例进行考核）

受训人员：	班级：	学号：	成绩：
考评人员：	考评时间：		

序号	作业项目	考核内容	配分	操作要求	考核记录	得分说明	得分
一	湿法消解	称样	5	称取固体试样 0.2～3g（精确到0.001g），或用移液枪准确量取液体试样 0.500～5.000ml 于锥形瓶中		正确称取样品得5分	
		加酸消解	15	加10ml硝酸和0.5ml高氯酸，放1个小漏斗盖住锥形瓶口，于电热板上消解，若酸烟变成棕黑色，再加少量混合酸继续消解，直至冒白烟。当消解液呈无色透明或略带黄色，即关闭电热板，放冷		正确判断消解完全得5分；剩余根据操作情况酌情给分	
		定容	10	用滴管将试样消解液洗入或过滤入（视消化后试样的盐分而定）10ml比色管中，用蒸馏水少量多次洗涤锥形瓶，洗涤液合并于比色管中并定容至刻度，混匀备用		洗涤完全得5分；正确定容得5分	
		空白试验	10	在锥形瓶中加入10ml硝酸和0.5ml高氯酸，放到电热板上消解，直至冒白烟，再进行定容操作		根据操作情况酌情给分	
二	微波消解	称样	5	称取固体试样 0.2～0.8g（精确到0.001g），或用移液枪准确量取液体试样 0.50～3.00ml 于微波消解罐中		正确称取样品得5分	

续表

序号	作业项目	考核内容	配分	操作要求	考核记录	得分说明	得分
二	微波消解	加酸消解	20	加入 5ml 硝酸，按照微波消解仪（图 2-2-2）的标准操作步骤进行消解，以防止消解过程过于剧烈而产生爆罐等危险		正确按微波消解仪操作标准进行消解操作得 15 分；正确判断消解完全得 5 分	
		赶酸	12	冷却后取出消解罐，在电热板上于 140～160℃赶酸至 1ml 左右		冷却完全得 5 分；电热板温度设置正确得 2 分；正确赶酸得 5 分	
		定容	10	消解罐放冷后，将消解液转移至 10ml 比色管中，用少量蒸馏水洗涤消解罐 2～3 次，合并洗涤液于比色管中并用蒸馏水定容至刻度，混匀备用		洗涤完全得 5 分；正确定容得 5 分	
		空白试验	10	在微波消解罐中加入 5ml 硝酸，按照微波消解仪的标准操作步骤进行消解，冷却后在电热板上进行赶酸操作。放冷后，进行定容操作		根据操作情况酌情给分	
三	整体印象	知识掌握程度、操作的熟练程度	3	操作熟练		根据操作情况酌情给分：不熟练不得分；基本熟练得 1 分；较为熟练得 2 分；操作娴熟得 3 分	

（李厚标）

八　萃取考核表

受训人员：	班级：	学号：	成绩：
考评人员：	考评时间：		

序号	作业项目	考核内容	配分	操作要求	考核记录	得分说明	得分
一	固-液萃取法	超声波提取法	4	需加水至水槽内水位线，切勿在低于水位线状态下进行超声操作		掌握该要求得 2 分；能够正确加入水量得 2 分	
			3	将物品放入水槽中，设定时间，即可进行工作		根据操作情况酌情给分	
			4	连续长时间（5 分钟以上）开机使用，清洗槽和清洗液的温度会上升，所以应尽量避免长时间使用。每两次使用的间歇时间尽量控制在 15 分钟左右		掌握该要求得 2 分；能够保持温度均匀得 2 分	
		振荡浸渍法	2	摇床的水槽内应有适量的水，可浸没样液液面		根据加入水量酌情给分	
			3	将样品和提取溶剂置于离心管中，置于摇床或专用振荡器上，设定时间，即可进行工作		根据操作情况酌情给分	

续表

序号	作业项目	考核内容	配分	操作要求	考核记录	得分说明	得分
一	固-液萃取法	振荡浸渍法	4	振荡时应注意不要使容器倾倒或样液溅出		容器放置正确得 2 分；振荡频率适宜得 2 分	
		捣碎法	4	将调速旋钮旋至最低，打开电源开关，再调节调速旋钮至所需的速度即可匀浆（一般选用中高速）		掌握该要求得 2 分；能够正确选用所需速度得 2 分	
			2	匀浆结束后先调节调速旋钮至最低，再移开匀浆杯		根据操作情况酌情给分	
			2	操作结束后，及时清洗刀片		掌握该要求得 1 分	
二	液-液萃取法	离心机的使用	4	对离心机的部件进行检查，各个部件是否紧固，离心机放置的位置是否平稳		掌握该要求得 2 分；会检查得 2 分	
			4	进行离心时样液应放置平衡		掌握该要求得 2 分；均衡方式得当得 2 分	
			4	会正确操作离心机并选择适当转速		根据操作情况酌情给分	
		分液漏斗的使用	4	使用前应对分液漏斗进行检漏		掌握该要求得 2 分；会检漏得 2 分	
			6	进行振荡均质操作，使分离完全		振荡动作正确得 2 分；溶液无喷洒得 2 分；分离完全得 2 分	
三	固相萃取法	活化	3	固相萃取柱在使用前必须用适当的溶剂进行活化		掌握该要求得 3 分	
			3	活化时，必须根据吸附剂的性质选择适合的溶剂		正确选择适合的溶剂得 3 分	
			3	在上样前已活化的固相萃取柱必须保持湿润		掌握该要求得 3 分	
		上样	6	将液态或溶解后的固态样品倒入活化后的固相萃取柱，利用重力或加压，使样品进入固相萃取柱的吸附剂中。操作过程中需控制样品的流速		根据操作情况酌情给分	
		淋洗与洗脱	6	在样品进入吸附剂，目标化合物被吸附后，可先用较弱的溶剂将弱保留干扰化合物洗掉，然后再用较强的溶剂将目标化合物洗脱下来，加以收集。淋洗和洗脱同前所述一样，可采用抽真空、加压或离心的方法使淋洗液或洗脱液流过吸附剂		根据操作情况酌情给分	
			4	如果吸附剂对目标化合物吸附力很弱或不吸附，而对干扰化合物有较强吸附力时，也可让目标化合物先淋洗下来加以收集，而使干扰化合物保留（吸附）在吸附剂上，两者得到分离		根据操作情况酌情给分	

续表

序号	作业项目	考核内容	配分	操作要求	考核记录	得分说明	得分
三	固相萃取法	淋洗与洗脱	4	在多数的情况下是使目标化合物保留在吸附剂上，最后用强溶剂洗脱，这样更有利于样品的净化		根据操作情况酌情给分	
		反相固相萃取	6	反相固相萃取柱的固定相为弱极性或非极性吸附剂，通常用水溶性有机溶剂（如甲醇）淋洗，然后用水或缓冲溶液淋洗。也可以在用甲醇淋洗之前先用强溶剂（如己烷）淋洗，以消除吸附剂上吸附的杂质及其对目标化合物的干扰		根据对该知识点的掌握情况酌情给分	
		正相固相萃取	6	正相固相萃取柱的固定相为极性吸附剂，通常用目标化合物所在的有机溶剂（样品基体）进行淋洗		根据对该知识点的掌握情况酌情给分	
		离子交换固相萃取	6	离子交换固相萃取柱所用的吸附剂，在用于非极性有机溶剂中的样品萃取时，可用样品溶剂来淋洗；在用于极性溶剂中的样品萃取时，可用水溶性有机溶剂淋洗后，再用适当pH并含有一定有机溶剂和盐的水溶液进行淋洗		根据对该知识点的掌握情况酌情给分	
四	整体印象	知识掌握程度、操作的熟练程度	3	操作熟练		根据操作情况酌情给分：不熟练不得分；基本熟练得1分；较为熟练得2分；操作娴熟得3分	

（陈海玲）

九　浓缩考核表

受训人员：	班级：	学号：	成绩：
考评人员：	考评时间：		

序号	作业项目	考核内容	配分	操作要求	考核记录	得分说明	得分
一	氮吹仪浓缩	氮吹仪操作前准备	6	打开钢瓶气阀，调节减压阀，使分压≤1MPa，检查管路的气密性		掌握操作要求得3分；会检查漏气得3分	
			6	用乙醇擦拭通气针管，将升降装置的锁紧旋钮拧松，使旋转套管可以自由旋转		掌握操作要求得3分；乙醇擦拭通气针管方式得当得3分	
			6	旋转套管，依次将装有样品的试管放入试管架的相应位置		样品放置正确得3分；编号清楚、不混乱得3分	

续表

序号	作业项目	考核内容	配分	操作要求	考核记录	得分说明	得分
一	氮吹仪浓缩	氮吹仪操作前准备	5	拧松通气管螺母，调整通气管位置，使其位于样品上方的合适位置，拧紧螺母		根据操作情况酌情给分	
		氮吹仪操作	5	接通电源，打开电源开关，在控制面板上设置相应参数，启动主机		掌握该操作得 2 分；参数设置正确得 3 分	
			5	根据主机内水面高度，向下压缩升降弹簧，使装有样品的试管处于水面合适的位置，然后拧紧旋钮		应使液面低于水面，根据操作情况酌情给分	
			5	缓慢打开氮气源，旋转流量计和流量阀的调节旋钮，控制整体的气体流量，然后通过流量阀的调节旋钮控制每路流量		根据操作情况酌情给分	
			4	观察吹扫情况，直至样品表面吹起波纹		氮吹过程应当正确调节通气针管与样品液面高度。根据操作情况酌情给分	
			6	氮吹结束后，关闭流量阀、流量计、钢瓶总阀及电源开关，并用乙醇擦拭使用的通气针管。每次使用完设备时应在使用记录上做好登记		关机顺序正确得 3 分；关机后能清洁设备得 3 分	
二	旋转蒸发仪浓缩	旋转蒸发仪操作前准备	10	操作前，确定各个部件已固定好，系统已密封好：真空度可否达到 0.09MPa 以上		掌握各个部件组装得 4 分；会用蒸发瓶进行试验，查看水管接头是否松动，各接口是否漏水，得 6 分	
			3	水浴锅中是否有足够的水：水位高度约为水浴锅的 2/3		根据操作情况酌情给分	
			4	环境温度要求为 30℃以下；湿度要求在 70%RH 以下		正确记录仪器使用的环境温度、湿度条件每项得 2 分	
		旋转蒸发仪操作	8	往水浴锅内加水，打开水浴锅后部电源开关，设置合适的水浴锅温度		掌握该操作得 4 分；正确设置温度得 4 分	
			8	调整蒸发瓶的倾斜度，并浸没入水浴锅中，盖上保护罩		倾斜度恰当得 4 分；有盖保护罩得 4 分	
			8	关闭通气阀，接通真空泵开关；通冷却水；开启旋转电源；调整蒸发瓶转速，运行仪器		关闭通气阀，接通真空泵开关得 2 分；通冷却水得 2 分；开启旋转电源得 2 分；调好蒸发瓶转速得 2 分	
			8	蒸发至所需要求时，打开通气阀，关闭真空泵开关，关闭仪器，取下样品		正确顺利关机得 4 分；能够合理判断浓缩体积得 4 分	

续表

序号	作业项目	考核内容	配分	操作要求	考核记录	扣分说明	得分
三	整体印象	知识掌握程度、操作的熟练程度	3	操作熟练		根据操作情况酌情给分：不熟练不得分；基本熟练得 1 分；较为熟练得 2 分；操作娴熟得 3 分	

（李宝珠）

十　稀释考核表

受训人员：	班级：	学号：	成绩：
考评人员：	考评时间：		

序号	作业项目	考核内容	配分	操作要求	考核记录	扣分说明	得分
一	稀释原则	原则 1	4	单次稀释倍数不得超过 100 倍		掌握该要求得 4 分	
		原则 2	4	稀释前母液应先均质		按要求操作得 4 分	
		原则 3	5	盛放稀释液的容器应预先置入适量的基体		按要求操作得 5 分	
二	玻璃移液管的使用	洗涤	3	自来水洗涤 3 次		按要求操作得 3 分	
			4	蒸馏水洗涤 3 次		按要求操作得 4 分	
			4	待移取溶液润洗 3 次		按要求操作得 4 分	
		移液	4	选择量程合适的移液管		选择正确得 4 分	
			4	左手持洗耳球，右手持移液管上端		手势准确得 4 分	
			4	移液管应准确插入液面下 1～2 cm		根据插入液面高度情况酌情给分	
			4	排空洗耳球内空气		排空空气得 4 分	
			4	洗耳球对准移液管上端口进行吸液		对准上端口得 4 分	
			4	将液体吸至移液管刻度线以上		正确吸取足够量液体得 4 分	
			4	右手示指迅速堵住移液管上端口，左手倾斜烧杯，右手持移液管并保持垂直		掌握正确操作手势得 4 分	
			5	微微松动右手示指，同时旋转管身，进行调零		液面刻度调至 0 刻度线得 5 分	
		放液	4	左手倾斜承接容器，右手持移液管并保持垂直		掌握正确操作手势得 4 分	

续表

序号	作业项目	考核内容	配分	操作要求	考核记录	扣分说明	得分
二	玻璃移液管的使用	放液	4	移液管下端口紧靠承接容器内壁		下端口紧靠承接容器内壁得4分	
			4	松开右手示指，放出液体，待液体流完后，再停靠15秒		有停留15秒得4分	
三	移液枪的使用	将移液枪的容量调至被检点	4	垂直地按住移液枪，旋转按钮至检定位置，套上合适的枪头		按要求操作得4分	
		吸液	4	将按钮按至第1停止点		按要求操作得4分	
			4	将枪头浸入装有待吸液体的容器内，保持吸嘴尖端在液面下2～3 mm处		按要求操作得4分	
			4	缓慢松开按钮，等待1～2秒后离开液面		等待1～2秒得4分	
			3	擦干枪头外的液体		按要求操作得3分	
		放液	3	将枪头尖端紧靠承接容器内壁，并与其成45°		根据操作情况酌情给分	
			3	缓慢地将按钮按至第 1 停止点		按要求操作得3分	
			3	等待1～2秒，再将按钮完全按下；将枪头沿着承接容器内壁向上移开		按要求操作得3分	
四	整体印象	知识掌握程度、操作的熟练程度	3	操作熟练		根据操作情况酌情给分：不熟练不得分；基本熟练得1分；较为熟练得2分；操作娴熟得3分	

（张文杰）

十一　滴定考核表

受训人员：	班级：	学号：	成绩
考评人员：		考评时间：	

序号	作业项目	考核内容	配分	操作要求	考核记录	得分说明	得分
一	酸碱滴定	指示剂	4	常用指示剂的变色范围		掌握甲基橙、酚酞的变色范围，各2分	

续表

序号	作业项目	考核内容	配分	操作要求	考核记录	得分说明	得分
一	酸碱滴定	指示剂	3	若生成强酸弱碱盐，溶液呈酸性，用甲基橙；若生成强碱弱酸盐，用酚酞		掌握该知识点即得 3 分	
		滴定准备	4	检漏：检查活塞或橡胶管是否漏液，活塞转动是否灵活		会查漏得 2 分；会补漏得 2 分	
			4	洗涤：滴定管和锥形瓶都要用蒸馏水洗涤干净		洗涤操作正确则得 4 分	
			4	润洗：用适量滴定液润洗滴定管 2～3 次		润洗操作正确则得 4 分	
			4	装液：装入滴定液，液面至“0”刻度以上		装液操作正确则得 4 分	
			4	排气泡：若滴定管尖嘴存在气泡，应手持滴定管上部无刻度处，快速开关活塞冲走气泡		排气泡操作赶净得 4 分	
			4	调零：调整液面至“0”刻度或“0”以下某刻度并记录读数		调零操作正确得 4 分	
		滴定	4	滴定时，右手转动锥形瓶，左手通过控制活塞或玻璃球调节滴定液流速，此时滴定速度可稍快，但不可流成“水线”		根据操作情况酌情给分	
			6	眼睛注视锥形瓶内待测试样的颜色变化，接近终点时，加 1 滴，摇几下，最后每加半滴就摇动锥形瓶，直至溶液出现明显的颜色变化		终点判断准确得 3 分；终点操作准确得 3 分	
		结果记录	6	读数准确及结果记录准确		读数准确得 3 分；结果记录准确得 3 分	
		存放	2	倒掉滴定管内剩余溶液，用水洗净；滴定管倒置于滴定管夹上		根据操作情况酌情给分	
二	常用指示剂的配制	酚酞指示剂（10g/L）	4	称取 1g 酚酞，溶于少量乙醇（95%），再用乙醇（95%）稀释至 100ml		称量准确得 2 分；稀释操作正确且记录准确得 2 分	
		甲基橙指示剂（1g/L）	4	称取 0.1g 甲基橙，溶于 70℃的水中，冷却，稀释至 100ml		称量准确得 2 分；操作及记录准确得 2 分	
		溴甲酚绿-甲基红指示剂	4	称取 0.1g 溴甲酚绿，溶于少量乙醇（95%）中初步混匀，再用乙醇（95%）稀释至 100ml		称量准确得 2 分；操作及记录准确得 2 分	
			4	称取 0.2g 甲基红，溶于少量乙醇（95%）中初步混匀，再用乙醇（95%）稀释至 100ml		称量准确得 2 分；操作及记录准确得 2 分	
			3	取 30ml 溴甲酚绿、10ml 甲基红溶液混匀		取液准确得 3 分	

续表

序号	作业项目	考核内容	配分	操作要求	考核记录	得分说明	得分
三	还原糖检验滴定	碱性酒石酸铜溶液配制	6	配制碱性酒石酸铜甲、乙液 甲液：称取 15g 硫酸铜（$CuSO_4$ $5H_2O$）及 0.05g 次甲基蓝，溶于水中并稀释至 1000ml 乙液：称取 50g 酒石酸钾钠及 75g 氢氧化钠，溶于水中，再加入 4g 亚铁氰化钾，完全溶解后，用水稀释至 1000ml，储存于橡胶塞玻璃瓶内		根据操作情况酌情给分	
		葡萄糖标准溶液的配制	6	精密称取 1.000g 经过 98～100℃干燥至恒量的纯葡萄糖，加水溶解后加入 5ml 盐酸，并以水稀释至 1000ml。此溶液每毫升相当于 1mg 葡萄糖		根据操作情况酌情给分	
		滴定	11	吸取 5.0ml 碱性酒石酸铜甲液及 5.0ml 碱性酒石酸铜乙液，置于 150ml 锥形瓶中，加水 10ml，加入玻璃珠 2 粒，从滴定管滴加约 9ml 葡萄糖标准溶液，控制在 2 分钟内加热至沸腾，趁热以每 2 秒 1 滴的速度继续滴加葡萄糖标准溶液，直至溶液蓝色刚好褪去为终点		取液准确得 2 分；加入玻璃珠得 1 分；2 分钟内加热至沸得 2 分；滴定速度每 2 秒 1 滴得 2 分；终点判断正确得 2 分；操作熟练得 2 分	
		结果记录	6	记录消耗葡萄糖标准溶液的总体积，准确读数并记录结果		读数准确得 3 分；结果记录准确得 3 分	
四	整体印象	知识掌握程度、操作的熟练程度	3	操作熟练		根据操作情况酌情给分：不熟练不得分；基本熟练得 1 分；较为熟练得 2 分；操作娴熟得 3 分	

（王敏杰）

十二　结果报告考核表

受训人员：	班级：	学号：	成绩：
考评人员：	考评时间：		

序号	作业项目	考核内容	配分	操作要求	考核记录	得分说明	得分
一	检测报告的内容	基本内容	1	标题		熟悉要求得 1 分	
			1	检测实验室的名称和地址、实施实验室活动的地点		熟悉要求得 1 分	

续表

序号	作业项目	考核内容	配分	操作要求	考核记录	得分说明	得分
一	检测报告的内容	基本内容	2	检测报告的唯一性标识和每一页上的标识，以确保能够识别该页是属于检测报告的一部分，以及表明检测报告结束的清晰标识		熟悉要求得 1 分，熟悉各项信息在报告中的体现方式得 2 分	
			1	客户的名称和联络信息		熟悉要求得 1 分	
			2	所用方法的识别		熟悉要求得 1 分，熟悉各项信息在报告中的体现方式得 2 分	
			2	检测物品的描述、状态和明确的标识		熟悉要求得 1 分，熟悉各项信息在报告中的体现方式得 2 分	
			2	检测或校准物品的接收日期，以及对结果的有效性和应用至关重要的抽样日期		熟悉要求得 1 分，熟悉各项信息在报告中的体现方式得 2 分	
			2	对结果的有效性和应用至关重要的检测物品的接收日期和进行检测的日期		熟悉要求得 1 分，熟悉各项信息在报告中的体现方式得 2 分	
			2	当检出结果低于检出限，应在检测报告中提供检出限的数值		熟悉要求得 1 分，熟悉各项信息在报告中的体现方式得 2 分	
			2	如果报告的结果是用数字表示的数值，应按照标准方法的规定进行表述，当方法没有相关规定时，依照有效数值修约的规定表述		熟悉要求得 1 分，熟悉各项信息在报告中的体现方式得 2 分	
			2	如与结果的有效性和应用相关时，需说明实验室或其他机构所用的抽样计划和程序的说明		熟悉要求得 1 分，熟悉各项信息在报告中的体现方式得 2 分	
			2	检测结果有必要时应带法定计量单位		熟悉要求得 1 分，熟悉各项信息在报告中的体现方式得 2 分	
			2	检测报告批准人的姓名、职务、签字或等同的标识。如发放带有 CMA 标识的检测报告，报告中须包含报告编制人员、审核人员、批准人员三级签字或等效标识		熟悉要求得 1 分，熟悉各项信息在报告中的体现方式得 2 分	
			2	包含结果仅与被检测物品有关和不得部分复印报告的声明		熟悉要求得 1 分，熟悉各项信息在报告中的体现方式得 2 分	
		报告可能需要体现的其他内容	2	当解释检测结果需要或客户有要求时，或检测方法要求时需要对检测结果做出进一步的说明或解释		熟悉要求得 1 分，熟悉各项信息在报告中的体现方式得 2 分	

续表

序号	作业项目	考核内容	配分	操作要求	考核记录	得分说明	得分
一	检测报告的内容	报告可能需要体现的其他内容	2	需要对含有抽样检测结果做出进一步说明或解释的，还应对抽样进行说明		熟悉要求得 1 分，熟悉各项信息在报告中的体现方式得 2 分	
			2	在对测试结果作评价和说明时，应将评价和说明的依据文件化，通过与客户直接对话传达评价和说明的内容更为恰当，但这些对话应有文字记录。评价和说明须在检测报告中清晰地标出		熟悉要求得 1 分，熟悉各项信息在报告中的体现方式得 2 分	
二	报告格式	报告模板	8	检测报告应设计为相对固定的格式，经批准后方可投入使用		根据对各类检测项目的报告模板熟悉和掌握情况酌情给分	
三	报告编制	报告编制须输入的信息	8	报告制作人员按照要求进行报告编号、编页码并打印。报告内容包括客户要求的、为说明测试结果所需及测试方法要求的全部信息。报告所列项目不得删减或空缺，无法明确填写的项目一律填“—”。所有对报告的进一步说明或评价均增加于备注（Remark）中		熟悉报告必须输入的内容得 4 分；能正确输入内容得 4 分	
		结果单位表示	8	报告中应尽量使用法定计量单位和通用单位。当检出结果低于检出限，应在检测报告中提供检出限的数值		掌握几个常用的法定计量单位，每错一处扣 2 分	
		数据修约规则	8	如果报告的结果是用数字表示的数值，应按照标准方法的规定进行表述，当方法没有相关规定时，应参考《数值修约规则与极限数值的表示和判定》（GB/T 8170—2008）规定表述结果		掌握数据修约规则，每错一处扣 2 分	
四	报告审核	输入信息正确性的审核	8	报告编制人员预先检查报告，对报告中打印错误、字迹不清、报告不完整等差错应重打，报告内容手写修改无效		熟悉需要审核的信息得 4 分；能正确实施审核得 4 分	
		报告内容的符合性和有效性审查	8	报告审核人员对检测报告中所描述的内容进行符合性和有效性审查。当发现异常时，应会同检测工程师检查检测原始记录、原始数据、分析方法、环境及样品等，找出存在的原因。审核后，授权签字人在授权范围内批准检测报告的发放		根据对报告内容的符合性和有效性审查的掌握情况酌情给分	

续表

序号	作业项目	考核内容	配分	操作要求	考核记录	得分说明	得分
四	报告审核	签名有效性要求	4	报告须签名方为有效，签名不全或使用私章代替签名的均为无效报告。可以进行报告签发的人员为授权签字人，其他人员签名无效		知道报告签名才有效得 2 分；知道由谁签名得 2 分	
五	报告的发放和修改	报告的发放	5	报告签发后应通知客户领取或寄发		熟悉如何将完成报告通知客户得 5 分	
		报告的修改	5	报告修改须将原报告作废并在作废报告上注明“取代之报告编号为*********”。重新签发的检测报告，应重新进行编号，编号规则：在原报告编号后加R+序列号，序列号代表修改次数		熟悉报告修改规则得 5 分	
六	记录保存	保存记录	4	所有的检测报告实验室均应永久保存电子副本。设定的登记表应存档并保存检测申请记录、分包报告、原始检测记录等		正确保存记录得 4 分	
七	整体印象	知识掌握程度、操作的熟练程度	3	操作熟练		根据操作情况酌情给分：不熟练不得分；基本熟练得 1 分；较为熟练得 2 分；操作娴熟得 3 分	

（杨献珍）

附表二　综合技能考核记录表

一　气相色谱法测定蛋糕中甜蜜素含量

受训人员：	班级：	学号：	成绩：
考评人员：	考评时间：		

序号	作业项目	考核内容	配分	操作要求	考核记录	得分说明	得分
一	标识	标识	3	整个过程应按要求对样品进行编号，前后保持一致		按要求编号得 3 分；有编号但没按要求得 1 分	
二	样品处理	样品准备	3	将蛋糕切碎，再用搅碎机粉碎，储存于样品袋中，保存备用		样品粉碎均质得 3 分	
		称量	4	用清洁毛刷将天平托盘及其周围清扫干净。检查天平并调整天平至水平位置。将水泡调至完全处于圆圈的范围内		清扫天平得 1 分；检查确认及调节天平至水平位置得 3 分	
			2	口述：在恒定的室温下（20℃），通电预热 30 分钟		表达到一个关键点，1 分，共 2 分	
			2	口述：用校准砝码对分析天平进行校准，校准砝码应轻拿轻放，切勿直接用手拿		口述不完整、不规范扣 1 分，共 2 分	
			6	接通分析天平电源，轻按“去皮”键，待电子称量系统自检结束。转移适量待测样品，轻轻关上天平侧门，待显示器显示稳定的数值后，记录数值，即为被称物的质量		关侧门、去皮：2 分（操作规范满分，不规范每项扣 1 分）；称量范围：4 分（超过 1 个单位扣 1 分，直至 4 分扣完）（所有称量次数累加计算）	
			2	称量过程不得洒落		轻微洒落扣 1 分，严重洒落扣 2 分	
			3	称量结束，清扫天平内仓，关闭侧门，切断电源		每个点各 1 分，共 3 分，漏一点扣 1 分	
		样品溶液的制备	6	将称取好的样品 2.0g 置于 100ml 具塞比色管中，加水至刻度，放置于数控超声清洗器中，超声 1 小时，静置。准确吸取 20ml 于反应瓶中，置于冰水浴中		正确定容得 2 分；充分超声得 2 分；冰浴得 2 分	
			5	加入 5ml 50g/L 亚硝酸钠溶液和 5ml 100g/L 硫酸溶液，立刻加盖摇匀，在冰水浴中放置 30 分钟，每 5 分钟振摇 1 次		试剂加入顺序正确得 3 分；振摇到位，得 2 分	
			5	然后各准确加入 10ml 正庚烷和 5g 氯化钠，摇匀后置旋涡混合器上振动 1 分钟（或振摇 80 次）		试剂加入顺序正确得 3 分；振摇到位，得 2 分	

续表

序号	作业项目	考核内容	配分	操作要求	考核记录	得分说明	得分
二	样品处理	标准溶液的制备	6	分别准确吸取 10μl、20μl、50μl、100μl、200μl、500μl 的 10.00mg/ml 环己基氨基磺酸钠标准溶液于 60ml 反应瓶中，各加入 20ml 水，置于冰水浴中		根据操作情况酌情给分	
			5	再分别加入 5ml 50g/L 亚硝酸钠溶液和 5ml 100g/L 硫酸溶液，立刻加盖摇匀，在冰浴中放置 30 分钟，每 5 分钟振摇 1 次		试剂加入顺序正确得 3 分；振摇到位，得 2 分	
			5	然后各准确加入 10ml 正庚烷和 5g 氯化钠，摇匀后置旋涡混合器上振动 1 分钟（或振摇 80 次）		试剂加入顺序正确得 3 分；振摇到位，得 2 分	
三	测定	仪器条件设置	5	正确设置色谱柱、升温程序、进样口、检测器、载气、气体参数条件		根据操作情况酌情给分	
		标准曲线的绘制	5	按“由低到高”的浓度顺序，用 2.5ml 注射器依次吸取各个浓度梯度的标准溶液至色谱进样瓶中		根据操作情况酌情给分	
			5	用气相色谱仪进行分析，测得其峰面积。以浓度为横坐标,以峰面积为纵坐标，绘制标准曲线。		正确进行分析操作得 3 分；正确绘制标准曲线得 2 分	
		样品溶液的检测	5	用 2.5ml 注射器取静置分层后的样品溶液 1～2ml 有机层，经过 0.45μm 有机过滤膜过滤至色谱进样瓶中		根据操作情况酌情给分	
			5	用气相色谱仪进行分析，测得其峰面积后，根据标准曲线查得相应含量		正确进行分析操作得 3 分；正确根据标准曲线查得相应含量得 2 分	
四	结果计算	计算结果	10	15 分钟内完成结果计算，计算结果与参考值的偏差在 ±10%以内		超时完成计算，每超时 2 分钟扣 1 分；计算结果偏差每超出 2%扣 2 分，扣完为止	
		结果记录	5	结果记录的保留位数应正确，修约方式应正确		结果记录保留位数正确得 2 分；修约正确得 3 分	
五	整体印象	知识掌握程度、操作的熟练程度	3	操作熟练		根据操作情况酌情给分：不熟练不得分；基本熟练得 1 分；较为熟练得 2 分；操作娴熟得 3 分	

（陈海玲）

二 石墨炉原子吸收法测定豆奶粉中铅含量

受训人员：				班级：	学号：		成绩：	
考评人员：				考评时间：				
序号	作业项目	考核内容	配分	操作要求		考核记录	得分说明	得分
一	标识	编号	3	整个过程应按要求编号，前后保持一致			按要求编号，3 分；有编号但没按要求，1 分；无编号，0 分	
二	样品处理	样品准备	3	豆奶粉经均质后，储于样品袋中，保存备用			样品粉碎均质得 3 分	
		称量	4	用清洁毛刷将天平托盘及其周围清扫干净。检查天平并调整天平至水平位置。将水泡调至完全处于圆圈的范围内			清扫天平得 1 分；检查确认及调节天平至水平位置得 3 分	
			2	口述：在恒定的室温下（20℃），通电预热 30 分钟			表达到一个关键点，1 分，共 2 分	
			2	口述：用校准砝码对分析天平进行校准，校准砝码应轻拿轻放，切勿直接用手拿			口述不完整、不规范扣 1 分，共 2 分	
			6	接通分析天平电源，轻按“去皮”键，待电子称量系统自检结束。转移适量待测样品，轻轻关上天平侧门，待显示器显示稳定的数值后，记录数值，即为被称物的质量			关侧门，去皮得 2 分（操作规范得满分，不规范每项扣 1 分），称量范围规范得 4 分（超过 1 个单位扣 1 分直至 4 分扣完）（所有称量次数累加计算）	
			2	不得洒落或严重洒落			轻微洒落扣 1 分，严重洒落扣 2 分	
			3	称量结束，清扫天平内仓，关闭侧门，切断电源			每个点各 1 分，共 3 分；漏一点扣 1 分	
		样品溶液的制备	7	称取样品 1g（精确到 0.001g）于锥形瓶中，放数粒玻璃珠，加 10ml 硝酸和 0.5ml 高氯酸，放 1 个小漏斗盖住锥形瓶口，于电热板上消解，若酸烟变棕黑色，再加少量硝酸继续消解，直至冒白烟，消解液呈无色透明或略带黄色			消解操作规范得 5 分；消解液颜色正确得 2 分	
			7	用蒸馏水小心冲洗小漏斗外壁，注意洗液应全部流入锥形瓶内，进行赶酸，等到再次冒白烟时加入少量蒸馏水再次进行赶酸（两次加水量在 10ml 左右），最后再冒白烟时取下锥形瓶，冷却			赶酸操作规范得 5 分；冷却得 2 分	

续表

序号	作业项目	考核内容	配分	操作要求	考核记录	得分说明	得分
二	样品处理	试样消解液的处理	8	将试样消解液洗入或过滤入（若有盐分晶体析出则需要过滤）10ml 比色管中，用水少量多次洗涤锥形瓶，洗液合并于比色管中并定容至刻度，混匀备用		检查容量瓶得 2 分；过滤，洗涤，引流正确得 3 分；定容的凹液面要与刻度线相切得 2 分；摇匀备用得 1 分	
		空白试剂	2	加入 10ml 硝酸和 0.5ml 高氯酸，放到电热板上消解，直至冒白烟，进行赶酸操作		赶酸操作规范得 2 分	
			2	再进行定容操作		准确定容得 2 分	
三	铅标准溶液的制备	标准溶液的制备	7	取 6 支 25ml 的具塞比色管，在各支比色管中加入少量硝酸（5+95），然后用移液枪分别移取 0ml、0.500ml、1.00ml、2.00ml、3.00ml 和 4.00ml 铅的标准中间液于 100ml 容量瓶中		根据操作情况酌情给分	
			4	用硝酸（5+95）定容到刻度		能正确操作得 4 分	
四	测定	仪器条件设置	5	正确设置和确认仪器参数条件		根据操作情况酌情给分	
		标准曲线的绘制	5	吸取各个浓度梯度的铅标准溶液 10μl，注入石墨炉原子吸收光谱仪，测得其吸光值		根据操作情况酌情给分	
			5	以浓度为横坐标，以吸光值为纵坐标，绘制标准曲线的一元线性回归方程，其线性相关值 $r \geqslant 0.995$		正确绘制标准曲线得 2 分；线性相关值 $r \geqslant 0.995$ 得 3 分，$r < 0.995$ 不得分	
		样品溶液的检测	5	分别吸取样液和试剂空白液各 10μl，注入石墨炉原子吸收光谱仪，测得其吸光值，代入标准系列的一元线性回归方程中求得样液中铅含量		根据操作情况酌情给分	
五	结果计算	计算结果	10	15 分钟内完成结果计算，计算结果与参考值的偏差在±10%以内		超时完成计算，每超时 2 分钟扣 1 分；计算结果偏差每超出 2%扣 2 分，扣完为止	
		结果记录	5	结果记录的保留位数应正确，修约方式应正确		结果记录保留位数正确得 2 分；修约正确得 3 分	
七	整体印象	知识掌握程度、操作的熟练程度	3	操作熟练		根据操作情况酌情给分：不熟练不得分；基本熟练得 1 分；较为熟练得 2 分；操作娴熟得 3 分	

（余艳明）

三　液相色谱法测定汽水中苯甲酸、山梨酸、糖精钠含量

受训人员：		班级：	学号：	成绩：
考评人员：		考评时间：		

序号	作业项目	考核内容	配分	操作要求	考核记录	得分说明	得分
一	标识	编号	3	整个过程应按要求编号，前后保持一致		正确按要求编号得3分；有编号但没按要求得1分；无编号得0分	
二	样品处理	称量	4	用清洁毛刷将天平托盘及其周围清扫干净。检查天平并调整天平至水平位置。将水泡调至完全处于圆圈的范围内		清扫天平得1分；检查确认及调节天平至水平位置得3分	
			2	口述：在恒定的室温下（20℃），通电预热30分钟		表达到一个关键点，1分，共2分	
			2	口述：用校准砝码对分析天平进行校准，校准砝码应轻拿轻放，切勿直接用手拿		口述不完整、不规范扣1分，共2分	
			6	接通分析天平电源，轻按“去皮”键，待电子称量系统自检结束。转移适量待测样品，轻轻关上天平侧门，待显示器显示稳定的数值后，记录数值，即为被称物的质量		关侧门、去皮：2分（操作规范满分，不规范每项扣1分）；称量范围：4分（超过1个单位扣1分，直至4分扣完）（所有称量次数累加计算）	
			2	称量过程不得洒落		轻微洒落扣1分，严重洒落扣2分	
			3	称量结束，清扫天平内仓，关闭侧门，切断电源		每个点各1分，共3分，漏一点扣1分	
		样品溶液的制备	8	称取10g样品（精确至0.001g）于25ml容量瓶中。若样品中含有乙醇，需先水浴加热去除乙醇后，冷却至室温，再用水定容至原体积		①水浴去除完整得5分；有水浴，去除不全得3分；没做水浴，0分。②冷却至室温，3分	
			5	用氨水（1+1）调节pH至近中性		pH<6，pH>8得3分； 6≤pH<7得4分； pH=7，5分； 7<pH≤8得4分	
			8	用水定容至刻度，混匀		正确定容得4分，反之得0分；混匀得4分，反之得0分	
三	混合标准溶液	标准溶液的混合	14	分别准确吸取1ml的苯甲酸、山梨酸和糖精钠标准储备液到10ml的容量瓶中，加水定容，即得浓度为100μg/ml的混合标准溶液。分别取0.025ml、0.05ml、0.1ml、0.25ml、1.25ml混合标准溶液到5ml的容量瓶中，加水定容		根据操作情况酌情给分	
四	测定	仪器条件设置	5	正确设置色谱柱、流动相、波长、流速、进样量等参数条件		根据操作情况酌情给分	

续表

序号	作业项目	考核内容	配分	操作要求	考核记录	得分说明	得分
四	测定	标准曲线的绘制	5	按"由低到高"的浓度顺序，用2.5ml注射器依次吸取各个浓度梯度的标准溶液至色谱进样瓶中		根据操作情况酌情给分	
			5	用高效液相色谱仪进行分析，测得其峰面积。以浓度为横坐标，以峰面积为纵坐标，绘制标准曲线		正确进行分析操作得3分；根据标准曲线查得相应含量得2分	
		样品溶液的检测	5	用2.5ml注射器吸取静置分层后的样品溶液有机层1～2ml，经过0.45μm有机过滤膜过滤至色谱进样瓶中		根据操作情况酌情给分	
			5	用气相色谱仪进行分析，测得其峰面积后，根据标准曲线查得相应含量		正确进行分析操作得3分；正确绘制标准曲线得2分	
五	结果计算	计算结果	10	15分钟内完成结果计算，计算结果与参考值的偏差在±10%以内		超时完成计算，每超时2分钟扣1分；计算结果偏差每超出2%扣2分，扣完为止	
		结果记录	5	结果记录的保留位数应正确，修约方式应正确		结果记录保留位数正确得2分；修约正确得3分	
六	整体印象	知识掌握程度、操作的熟练程度	3	操作熟练		根据操作情况酌情给分：不熟练不得分；基本熟练得1分；较为熟练得2分；操作娴熟得3分	

（洪妍妍）

四　原子荧光法测定鱼糜中砷含量

受训人员：	班级：	学号：	成绩：
考评人员：	考评时间：		

序号	作业项目	考核内容	配分	操作要求	考核记录	得分说明	得分
一	标识	编号	3	整个过程应按要求编号，前后保持一致		按要求编号得3分；有编号但没按要求得2分；无编号得0分	
二	样品处理	样品准备	3	鱼糜经均质后，储于样品袋中，保存备用		样品粉碎均质得3分	
		称量	4	用清洁毛刷将天平托盘及其周围清扫干净。检查天平并调整天平至水平位置。将水泡调至完全处于圆圈的范围内		清扫天平得1分；检查确认及调节天平至水平位置得3分	

续表

序号	作业项目	考核内容	配分	操作要求	考核记录	得分说明	得分
二	样品处理	称量	2	口述：在恒定的室温下（20℃），通电预热 30 分钟		表达到一个关键点，1 分，共 2 分	
			2	口述：用校准砝码对分析天平进行校准，校准砝码应轻拿轻放，切勿直接用手拿		口述不完整、不规范扣 1 分，共 2 分	
			6	接通分析天平电源，轻按“去皮”键，待电子称量系统自检结束。转移适量待测样品，轻轻关上天平侧门，待显示器显示稳定的数值后，记录数值，即为被称物的质量		关侧门、去皮：2 分（操作规范满分，不规范每项扣 1 分）；称量范围：4 分（超过 1 个单位扣 1 分，直至 4 分扣完）（所有称量次数累加计算）	
			2	称量过程不得洒落		轻微洒落扣 1 分，严重洒落扣 2 分	
			3	称量结束，清扫天平内仓，关闭侧门，切断电源		每个点各 1 分，共 3 分，漏一点扣 1 分	
		样品溶液的制备	7	称取试样 1g（精确到 0.001g）于 50ml 锥形瓶中，加 15～18ml 混合酸，放置过夜，加放 1 个小漏斗于电热板上消解，若变棕黑色，再加少量混合酸，直至冒白烟，消解液呈无色透明或略带黄色，冷却		根据操作情况酌情给分	
			7	加入少量超纯水并小心冲洗小漏斗进行赶酸，等到再次冒白烟时加入少量超纯水再次进行赶酸（2 次加入量在 20ml 左右），最后再次冒白烟时取下锥形瓶，冷却		根据操作情况酌情给分	
			9	将试样消化液洗入或过滤入（若有盐分晶体析出则需要过滤）25ml 比色管中，用水少量多次洗涤锥形瓶，洗液合并于比色管中，加 2.5ml 硫脲并补水定容至刻度，混匀备用		检查容量瓶得 1 分；过滤，洗涤，引流正确得 5 分；定容的凹液面要与刻度线相切得 2 分；摇匀备用得 1 分	
		空白试验	5	加入 15ml 混合酸，放到电热板上消解，直至冒白烟，进行以上操作		根据操作情况酌情给分	
三	砷标准溶液的制备	标准溶液的制备	5	取 6 支 25ml 的具塞比色管，在各支比色管中加入少量 5%硝酸，然后用移液枪分别移取 0ml、0.1ml、0.25ml、0.5ml、0.75ml、1.0ml 砷的标准中间液于 25ml 的比色管中，分别加入 2.5ml 硫脲溶液，用 5%硝酸定容至刻度，放置 30 分钟		根据操作情况酌情给分	

续表

序号	作业项目	考核内容	配分	操作要求	考核记录	得分说明	得分
四	测定	仪器条件设置	5	正确设置和确认仪器参数条件		根据操作情况酌情给分	
		标准曲线的绘制	5	仪器开机预热30分钟，按“由低到高”的浓度顺序，依次吸取各个浓度的砷标准溶液10μl，注入原子荧光仪中，测得其荧光强度		根据操作情况酌情给分	
			5	以浓度为横坐标，以荧光强度为纵坐标，绘制标准曲线的一元线性回归方程，其线性相关值 $r \geqslant 0.995$		根据操作情况酌情给分	
		样品溶液的检测	5	吸取样液10μl，注入原子荧光仪中，测得其荧光强度，代入标准曲线中求得样品溶液中砷含量		根据操作情况酌情给分	
		还原剂的使用	4	在进标准样及测试样的同时也要进等量的还原剂即硼氢化钠，将砷离子还原成原子态砷，进样量与试样相等		根据操作情况酌情给分	
五	结果计算	计算结果	10	15分钟内完成结果计算，计算结果与参考值的偏差在±10%以内		超时完成计算，每超时2分钟扣1分；计算结果偏差每超出2%扣2分，扣完为止	
		结果记录	5	结果记录的保留位数应正确，修约方式应正确		结果记录保留位数正确得2分；修约正确得3分	
六	整体印象	知识掌握程度、操作的熟练程度	3	操作熟练		根据操作情况酌情给分：不熟练不得分；基本熟练得1分；较为熟练得2分；操作娴熟得3分	

（李厚标）

五　紫外-可见分光光度法测定啤酒中甲醛含量

受训人员：	班级：	学号：	成绩：
考评人员：	考评时间：		

序号	作业项目	考核内容	配分	操作要求	考核记录	得分说明	得分
一	标识	编号	3	整个过程应按要求编号，前后保持一致		按要求编号得3分；有编号但没按要求得1分；无编号得0分	
二	样品处理	样品溶液的制备	5	用移液枪正确吸取已除去二氧化碳的啤酒25ml，移入500ml蒸馏瓶中		正确使用移液枪得3分；吸液准确得2分	
			12	加200g/L磷酸溶液20ml于蒸馏瓶，接水蒸气蒸馏装置进行蒸馏		装置安装正确得5分；磷酸加量准确得2分；正确进行蒸馏操作得5分	

续表

序号	作业项目	考核内容	配分	操作要求	考核记录	得分说明	得分
二	样品处理	样品溶液的制备	5	收集馏出液于 100ml 容量瓶中，冷却后加水稀释至刻度		正确稀释得 5 分	
			14	吸取样品馏出液 10ml 移入比色管中，加入乙酰丙酮溶液 2ml，摇匀后在沸水浴中加热 10 分钟，冷却至室温		准确吸取样品馏出液得 5 分；正确加入试剂得 2 分；充分摇匀后沸水浴加热得 5 分；冷却至室温得 2 分	
三	甲醛标准溶液的制备	标准溶液的制备	9	准确吸取 1μg/ml 的甲醛标准溶液各 0ml、0.50ml、1.00ml、2.00ml、3.00ml、4.00ml、8.00ml 于 25ml 比色管中，加水至 10ml		正确吸取标准溶液得 7 分；定容准确得 2 分	
			9	加入乙酰丙酮溶液 2ml，摇匀后在沸水浴中加热 10 分钟，冷却至室温		正确加入试剂得 2 分；充分摇匀后沸水浴加热得 5 分；冷却至室温得 2 分	
四	测定	仪器条件设置	5	将紫外可见分光光度计设定为波长 415nm		正确设置波长得 5 分	
		标准曲线的绘制	5	按“由低到高”的浓度顺序，依次将各个浓度梯度的甲醛标准溶液倒入比色皿，放入紫外可见分光光度仪中，测得其吸光度		根据情况酌情给分	
			5	以浓度为横坐标，以吸光度为纵坐标，绘制标准曲线的一元线性回归方程，其线性相关值 $r \geqslant 0.995$		根据情况酌情给分	
		样品溶液的检测	5	将样品溶液倒入比色皿，放入紫外可见分光光度仪中，测得其吸光度		根据情况酌情给分	
			5	代入标准曲线中求得样品溶液中砷含量		根据情况酌情给分	
五	结果计算	计算结果	10	15 分钟内完成结果计算，计算结果与参考值的偏差在±10%以内		超时完成计算，每超时 2 分钟扣 1 分；计算结果偏差每超出 2%扣 2 分，扣完为止	
		结果记录	5	结果记录的保留位数应正确，修约方式应正确		结果记录保留位数正确得 2 分；修约正确得 3 分	
六	整体印象	知识掌握程度、操作的熟练程度	3	操作熟练		根据操作情况酌情给分：不熟练不得分；基本熟练得 1 分；较为熟练得 2 分；操作娴熟得 3 分	

（陈海玲）

六　吸附管采样-热脱附/气相色谱-质谱法对环境空气中挥发性有机物的定性测试

受训人员：			班级：		学号：	成绩：	
考评人员：				考评时间：			
序号	作业项目	考核内容	配分	操作要求	考核记录	得分说明	得分
一	标识	编号	3	整个过程应按要求编号，前后保持一致		按要求编号得 3 分；有编号但没按要求得 1 分；无编号得 0 分	
二	吸附管的老化	新购的吸附管或采集高浓度样品后的吸附管需进行老化	6	老化温度：350℃；老化流量：40ml/min；老化时间：10～15分钟		设置正确得 6 分；反之得 0 分	
			4	吸附管老化后，立即密封两端或放入专用的套管内，外面包裹 1 层铝箔纸。包裹好的吸附管置于装有活性炭或活性炭硅胶混合物的干燥器内，并将干燥器放在无有机试剂的冰箱中，4℃保存，可保存 7 天		操作正确得 4 分；反之得 0 分	
三	样品采集	气密性检查	5	把 1 根吸附管（与采样所用吸附管同规格，此吸附管只用于气密性检查和预设流量用）连接到采样泵，打开采样泵，堵住吸附管进气端，若流量计流量归零，则采样装置气路连接气密性良好，否则应检查气路气密性		操作正确得 5 分；反之得 0 分	
		采样流量和采样体积的设置	5	采样流量：10～200ml/min		操作正确得 5 分；反之得 0 分	
			5	样品体积：2L。当相对湿度大于 90%时，应减小采样体积，但最少不应小于 300ml		操作正确得 5 分；反之得 0 分	
		采样采集	5	取下吸附管，将 1 根新吸附管连接到采样泵上，按吸附管上标明的气流方向进行采样。在采集样品过程中要注意随时检查调整采样流量，保持流量恒定。采样结束后，记录采样点位、时间、环境温度、大气压、流量和吸附管编号等信息		操作正确得 5 分；反之得 0 分	
		吸附管密封及包裹	5	样品采集完成后，应迅速取下吸附管，密封吸附管两端或放入专用的套管内，外面包裹 1 层铝箔纸，带到实验室进行分析		操作正确得 5 分；反之得 0 分	

续表

序号	作业项目	考核内容	配分	操作要求	考核记录	得分说明	得分
三	样品采集	候补吸附管的采集	5	在吸附管后串联 1 根老化好的吸附管。每批样品应至少采集 1 根候补吸附管，用于监视采样是否穿透		操作正确得 5 分；反之得 0 分	
		现场空白样品的采集	5	将吸附管运输到采样现场，打开密封帽或从专用套管中取出，不接采样器于大气中放置一段时间（时间与采样时间一致），后立即密封吸附管两端或放入专用的套管内，外面包裹 1 层铝箔纸。每次采集样品，都应至少带 1 个现场空白样品		操作正确得 5 分；反之得 0 分	
四	仪器测定	仪器条件设置	5	热脱附仪参考条件：①传输线温度：130℃。②吸附管初始温度：35℃。③聚焦管初始温度：35℃。④吸附管脱附温度：325℃；吸附管脱附时间：3 分钟。⑤聚焦管脱附温度：325℃。聚焦管脱附时间：5 分钟。⑥一级脱附流量：40 ml/min。⑦聚焦管老化温度：350℃。⑧干吹流量：40 ml/min。⑨干吹时间：2 分钟		设置正确得 5 分；反之得 0 分	
			5	气相色谱仪参考条件：①进样口温度：200℃；载气：氦气；分流比：5∶1；柱流量（恒流模式）：1.2ml/min。②升温程序：初始温度 30℃，保持 3.2 分钟，以 11℃/min 升温到 200℃保持 3 分钟		设置正确得 5 分；反之得 0 分	
			5	质谱参考条件：扫描方式：全扫描；扫描范围：35～270amu；离子化能量：70eV。接口温度：280℃。其余参数参照仪器使用说明书进行设定		设置正确得 5 分；反之得 0 分	
		仪器性能检查	5	用微量注射器移取 1.0μl BFB 溶液，直接注入气相色谱仪进行分析，用四级杆质谱得到的 BFB 关键离子丰度应符合表 2-3-5 中规定的标准，否则需对质谱仪的参数进行调整或者考虑清洗离子源		操作正确得 5 分；反之得 0 分	
		样品的检测	10	将采完样的吸附管放入热脱附仪中进行热脱附，载气流经吸附管的方向应与采样时气体进入吸附管的方向相反。样品中目标物随脱附气进入色谱柱进行测定。分析完成后，取下吸附管进行老化（样品浓度较高时）和保存		操作正确得 10 分；反之得 0 分	

续表

序号	作业项目	考核内容	配分	操作要求	考核记录	得分说明	得分
四	仪器测定	空白试验	5	按与样品测定相同步骤分析现场空白样品		操作正确得 5 分；反之得 0 分	
五	结果及记录	原始记录	4	记录应保持完整		有记录但不完整得 2 分；记录完整得 4 分	
		结果	10	以保留时间和质谱图比较进行定性分析，结果正确		每错 1 个扣 2 分	
六	整体印象	知识掌握程度、操作的熟练程度	3	操作熟练		根据操作情况酌情给分：不熟练不得分；基本熟练得 1 分；较为熟练得 2 分；操作娴熟得 3 分	

（陈海玲）